D' SCHWÄBISCH' KUCHE

Die beliebten Allgäu-Schwaben Bücher

Aegidius Kolb / Leonhard Lidel

D'schwäbisch' Kuche

ALLGÄUER ZEITUNGSVERLAG KEMPTEN

1. Umschlagseite
Eine Allgäuer Föhl am Herd des „Heimathaus Sonthofen“
Foto: Rudolf Keßler, Sonthofen

4. Umschlagseite
Auf dem Markt in Nördlingen bieten kurzrockete Bauernmädchen einer langrocketen Bürgersfrau ihre Waren an. Aquarell 1821.
Foto: Fischer, Oettingen/Bay.

Illustrationen Heinz Schubert

 ISBN 3 88006 034 7
9. Auflage, 81.–90. Tausend
Gesamtherstellung: Allgäuer Zeitungsverlag Kempten

Inhalts-Übersicht

Zum Geleit

Als klois Buele bin i halt hennementisch geare bei eis dauhoim in d' Kuche gange – zearscht kriise (wieni no ganz kloi gwöse bi), nau gschloffe und nau dappet auf meine zwai lotschige Fiaßle.

Und dau ischt aso a A'tritt gwea, auf dean bini na'ghocket und hau glueget. It bloß mit da Auge, au mit da Oahre und mit der Näs. Hand'r dös no gar it gwißt, daß ma dös au ka'?

Dau ischt in deam diafe, schwaaze Heardwinkl eiser Theres gstande und haut griahrt und gosse und gsudlet und braute. Und wia sa dös könne haut! D'Heardring haut sa mit 'm Eisehaugge wegg ghacklet, daß'r dr roat Schei' ins Gsicht und in d'Haur gfahre isch, und Häfe und Schißle haut sa rum- und numbuxiart, und dampft hauts und gsutteret und gsprudlet.

Und wia dös groche haut! Dös ischt a Musig gwea, a Musig vo lauter Liacht und Fuierschei', a Musig vom feinschte Siede und Singe bis zum gwaltmäßigschte Pflottere, daß d' gmoi't hausch, du miißtescht 's Mueß von dr Döcke ralöffle. Und a Musig fiar d'Näs, dia laut si gar it beschreibe.

Ja, *was* dia kochet haut und *wia* sa's kochet haut, d'Theres selig, und wia dös gschmöckt haut! Ganz oifach schwäbisch isch dös gwea vom obere Rand bis auf da Bode na.

Mei Gott, dös isch amaul gwea, so hauni mir später denkt, mach der koi Hoffnung, dös kommt numme. Dös gheart zuer guete alte Zeit.

Und ietz lueg hear: dau kommet dr Aegid und dr Leo drhear und allbeid fuchtlet sa mit'm Kochlöffel in der Luft rum, und dau – o du liabe selige Theres – dau hammers meah!

Arthur Maximilian Miller

Will menſchen ſein ſunderlich und nit unbillichen geneigt zu natürlicher und luſtiger ſpeiſe, ſich derſelben nach geſuntheyt yres leybes ordenlich zu gebrauchen und zu empfahen. Hyrumb iſt in diſſem gegenwertigen büchlein – genannt Küchemayſtrey gar kurz auch nützlich begriffen und angezeigt mit hübſcher warhafftiger unterweyſunge von mangerley ſpeyße, wie man die bereytten ſol.

. . . so lesen wir in der Einleitung eines der ältesten gedruckten Kochbücher von 1490, dessen Besitzes sich der damalige Wolfenbüttler Bibliothekar Gotthold Ephraim Lessing rühmte. Diese frühen Bücher nennen sich „Küchenmeisterei“ und sagen schon durch den Titel, daß unsere Altvorderen unter dem „Meistern des Lebens“ auch die Kunst der Küche verstanden. Dieser Kunst von „natürlicher und lustiger Speise“ wollten wir entsprechen, wenn wir nun dieses Büchlein vorlegen über die Kochkunst, die von unseren Vorfahren auf uns kam.
Im Zeitalter der Hast und Hetze, als auch der Kühltruhe, der Konserven und vorgefertigten Teigwaren verblaßt und versinkt allzu leicht das Schöne und Gute, das uns Mutter und Großmutter aus ihrer Küche bescherten und von dem wir oft noch träumen. Deshalb bemühten wir uns, zu erfassen und zu erfragen, was in den Landschaften unseres bayerischen Schwabenlandes noch an Gerichten bekannt ist. Wir wollten jedoch ebenfalls die Möglichkeit bieten, Besonderheiten unserer schwäbischen Küche auch heute noch zubereiten zu können.

Als im Vorjahr nach einer Fernsehsendung über schwäbische Fastenspeisen eine Zusammenfassung in einem kleinen Heftle mit nur 12 Rezepten erschien, fand dies erstaunlich viele Freunde in kürzester Zeit. Von vielen Seiten kam der Wunsch, nach einer erweiterten Zweitauflage. Zahlreiche Freunde boten ihre Dienste und Ratschläge an. Mit ihrer Hilfe kam die vorliegende Sammlung der Rezepte zustande, die von Leo Lidel überprüft und überarbeitet wurden. Wir danken all diesen Freunden von Füssen, Sonthofen und Balderschwang – aus dem Kempter Umland von Probstried bis Frauenzell – von Legau, Hawangen, Westerheim bis Bad Wörishofen – von Krumbach, Mindelzell bis Waltenhausen – von Utzwingen, Nördlingen und dem übrigen Ries.
Möge dieses Büchlein zunächst als eine kulturgeschichtliche Bestandsaufnahme gesehen werden. Sie ist in unserer schnellebigen Zeit ein Bedürfnis, solange sich noch die Möglichkeit dazu bietet. In wenigen Jahren wird vieles nicht mehr zu erfragen sein.
Wir wollen und können keineswegs umfassende Vollständigkeit beanspruchen. Hiezu verweisen wir auf die Vielzahl einschlägiger Sach- und Fachbücher.
Unser Büchlein möge vielmehr all denen dienen, die heute noch „D'schwäbisch' Kuche“ lieben und aus ihrer Vielfalt heimatliche Freude am Tisch bereiten wollen. Ihnen wünschen wir, daß sie es dabei auch zur „Küchenmeisterei“ bringen.
Allen aber, die davon kosten, gilt unser Wunsch:

„Lant's ui schmecke!“

Aegidius Kolb
Ottobeuren

Leonhard Lidel
Augsburg

Gar so dumm send d'Schwoba it.
Ond wenn du dös no wisse witt,
nochet mueschct in d'Kuche gau
ond dir ebbes schmecke lau.

Allat hond se spare muesse.
Doch dös war it zom Verdrieße.
Aus Toiger ebbes mache –
ond drzue no guete Sache –

Dös isch Kunscht ond Freid em Mage.
Jeder mueß do redle sage:
Aus „Wenig", „Sparsam", „Vielerloi",
dös isch d'schwäbisch Kocherei.

Ein Kapitel Kulturgeschichte

Über unserm Schwabenländle, von dem in diesem Büchle die Rede sein soll, lacht der weiß-blaue, bayerische Himmel von jenem Schlund, aus dem der Lech aus den rauhen Bergen zu Tal rauscht bei Füssen bis zum so anmutigen „Schwäbischen Meer", von der Donau bis zu unseren fränkischen Nachbarn.

Man muß dies Ländle lieben, denn es ist von Süd bis Nord und Ost gen West so „miegele", weil ja nach A. M. Miller „dr Herrgott s'Schwaubeländle verschaffe haut".

Der Lech hat sich mannhaft tief eingegraben ins Land, so daß er eine Grenze wurde in scharfer Trennung entlang seiner Ufer: Hie Bayern – dort Schwaben! Wie zwei Welten nach Sprache und Lebensart.

Die Iller dagegen schlängelt sich lieblicher und heiterer aus den Allgäuer Bergen talwärts. Sie ist wie eine gütige Frau, die an jeder Hand ihre Kindlein führt, Schwabenkindle hüben und drüben. Und weil die Donau ebenso viel Mütterliches, viele Völker Verbindendes in sich birgt, reihen sich auch die Schwaben nördlich jenes Stromes dieser Kinderschar ein, die da beheimatet sind im Vorland der Alb, an der Wörnitz und im Ries.

So kennen wir in „eiser Herrgotts Schwaubaländle" die Oberländer und Unterländer – oder genauer: die Allgäuer, die Mittelschwaben, die Augsburger mit ihrem Umland, die Ulmerwinkler, die Donauschwaben und die Rieser.

Eines ist allen gemeinsam: die Liebe zu ihrem Ländle, ihrer Sprache – und ihrer „Kuche", deren Herzstück seit anderthalb Jahrtausenden ist und bleibt: die Mehltruhe. Sie hat vier Ecken und steht damit auf vier Füßen: Milch und Wasser, Eier und Schmalz. Was unsere schwäbischen Vorfahren in langen Jahrhunderten daraus kochten und gegessen haben, ist gar nicht so leicht festzustellen. Unsere so lobenswert fleißigen Volkskundler haben viel erforscht: Hausbau und Küchengerät, Gewand und Möbel. Doch was von Küche und Herd auf den Tisch des Hauses kam, ist vielfach unbekannt. Zwar haben unserm Ländle schon viele Forscher und Geschichtsschreiber liebevolle und tiefschürfende Aufmerksamkeit gewidmet. Doch eine „Geschichte der schwäbischen Küche" gibt es immer noch nicht, weil ein solch Unterfangen vielerlei Schwierigkeiten begegnet. Man muß diesen Geschichtsschreibern und ihren Werken oft zwischen den Zeilen so manches entnehmen, sonst noch verschüttete Rinnsale aufgraben, „dau und dött d'Näs neischtecke" – dann kann mancherlei Aufschluß gefunden werden.

Von unseren schwäbischen Landstrichen ist das Allgäu besonders bevorzugt. Nicht nur weil es so viele von überallher dorthin zieht und man die „Eingeborenen" schon bald mit weiland Diogenes und dessen Laterne suchen muß – sondern ihm waren Forscher beschieden von L. Baumann, K. Reiser bis A. Weitnauer, deren niedergelegte Ergebnisse wohl für ganz Schwaben gelten dürfen. So wollen wir nun der schwäbischen Küche nachspüren, zumal sie schon Goethe rühmte im 6. Gesang seines Reinecke Fuchs: „Laßt uns nach Schwaben entfliehen! Hilf Himmel! Es findet sich süße Speise da und alles Guten in Fülle ... Und man bäckt im Lande das Brot mit Butter und Eiern. Rein und klar ist das Wasser, die Luft ist heiter und lieblich."

So war es jedoch nicht immer. Wie überall lebten auch bei uns in der Frühzeit (496–911) unsere Vorfahren herb und bescheiden. Damals war der Ackerbau wegen der ungünstigen natürlichen Beschaffenheit des größeren Teiles unserer Landschaft unerheblich. In der Karolingerzeit wissen wir hauptsächlich vom Anbau von Hafer und Feesen, der nach den Urkunden des Klosters St. Gallen allgemein als Korn bezeichnet wurde. Unter dieser Getreideart haben wir zu verstehen, was anderwärts Dinkel genannt wurde (triticum spelta). Diese beiden Getreidearten sind die Wurzel für die überwiegenden Mus- und Teigspeisen unserer schwäbischen Küche. An Handelsgewächsen kennt man bereits Flachs und Hanf.

Wesentlichen Aufschluß zur Kultivierung unseres Landes und damit zur Lebensweise unserer Vorfahren gibt das älteste erhaltene Denkmal der Baugeschichte: der karolingische Klosterplan von St. Gallen aus der Zeit um 820. Die dort verzeichneten Grundelemente neben Kirche, Kloster- und Schulräumen sind richtungweisend für die Frühklöster unserer Landschaft: Ottobeuren, Kempten und Füssen, die über die Reichenau von St. Gallen aus besiedelt und die führenden Kulturträger unserer Gegend wurden.

Neben dem Haus des Arztes – wir kennen den Mönch

Notker als solchen und Leibarzt der beiden Ottonen – ist der Heilkräutergarten eingezeichnet. In seinen einzelnen Beeten finden wir neben anderen auch solche Pflanzen, aus deren lateinischen Namen schon die spätere deutsche Bezeichnung herauszuhören ist: menta – Pfefferminze, salvia – Salbei, cumino – Kümmel, feniculum – Fenchel und am deutlichsten lubestico – Liebstöckel; Heilkräuter, die auch beliebte Küchengewürze wurden.

Die Anweisungen und Einzeichnungen für das Pilgerhospiz als auch das Gästehaus enthalten: Vorratsraum (cellarium), Küche (culina), Backstube (Pistrinum) und Backofen (fornax). Daneben fällt auf, daß zur Bereitung unserer uralten Teigspeisen, die ja dort wegen der stattlichen Zahl von Mönchen, Schülern, Gesinde, Pilgern und Armen in großen Mengen angefertigt werden mußten, eigene Räume verzeichnet sind, wobei man einen Unterschied erkennen kann zwischen gerührtem Teig (locus conspergendi) und geknetetem, gewaletem Teig (interendae pastae locus). Vom Kreuzgarten, der zu jedem Kloster gehört, erfahren wir, daß in dessen Mitte der Wacholderbaum (Juniperus communis) seinen Platz hatte, zumal seinen Früchten neben der Würzkraft auch vielfältige Heilwirkung eigen ist und dämonenabwehrende Kräfte zugeschrieben wurden.

Ferner kennt man im St. Galler Plan einen Baumgarten, der bezeichnenderweise den Friedhof umgab, dessen Mitte das Kreuz war, „an dem die Früchte des ewigen Heiles duften". Dabei finden wir unter anderem den Apfelbaum (malarius), Birnenbaum (perarius), Pflaumenbaum (prunarius), Lorbeer (laurus), Kastanie (castenarius), Feigenbaum (ficus), Quitte (guduniarius), Pfirsich (persicus). Weiter sind vertreten: Haselnuß (avellenarius), Mandelbaum (amendelarius), Maulbeer (murarius) und der Nußbaum (nugarius).

Der St. Galler Gemüsegarten ist nicht weniger aufschlußreich. Er enthält bereits die meisten Pflanzen, die zur Grundlage der mittelalterlichen Küche wurden. Den Hauptplatz nahm der Zwiebel (cepa) ein. Daneben sind eingezeichnet in den Beeten: Lauch (porrus), Sellerie (apium), Koriander (coliandrum), Dill (anetum), Mohn (papaver), Rettich (radix), Gelbrübe (mago), Mangold (beta), Knoblauch (alea), Schalotte (ascolonia), Petersilie (petrosilium), Kerbelkraut (cerefolium), Lattich (lactura), Pfefferkraut (sata regia), Kohl (caula), Pastinak (pestinachus, schwäbisch: Mergen- oder Morenstengel), Kornrade (gitto). Ein Großteil dieser Bäume und Pflanzen findet sich auch in dem „Capitulare de villis“ Karls d. Gr., einer Anbau- und Pflanzanweisung für die auch in unserem Raum zahlreich belegten Königsgüter.

Der Wiesenbau ist aus dieser Zeit reichlicher belegt. Dies findet sich in beurkundeten Precarien (Grundleihe oder Erbleihe), bei denen des öfteren Frohnden zur Heuernte einbezogen und genannt werden. Dies ermöglichte im Bergland die Viehzucht, gefordert und befördert durch die Naturbeschaffenheit dieses Gebietes. Sie entsprach auch der angeborenen Neigung der Schwaben, die schon vor ihrer Einwanderung in unser heutiges Gebiet um 496 berühmte Viehzüchter waren, wie eine Verordnung des Ostgotenkönigs Theoderich erkennen läßt, der seine Untertanen aufforderte, sie sollten ihre kleinen Ochsen gegen die größeren der Alamannen austauschen.

Im schwäbischen Flachland war dabei auch die Schweinezucht von Bedeutung. Sie hatte eine gewisse natürliche Grundlage, zumal die Waldungen – nicht wie heute von Fichte und Tanne – hauptsächlich von Eichen und Buchen bestanden waren und deren Früchte das Futter der Schweine lieferten, die dorthin zur Weide getrieben wurden vom Schweinehirt. Diesem kam im alamannischen Gesetzbuch bei der Aufzählung der Knechte deshalb auch der erste Platz zu, selbst vor dem Seneschalk, Marschalk, Gold- und Waffenschmied.

Der Obstbau scheint nicht von Belang gewesen zu sein, obwohl wir in einer Urkunde vom Jahre 858 lesen können, daß in Westavun, einem abgegangenen Ort bei Wangen, ein Obstgarten erwähnt ist. Wichtiger war die Bienenzucht zur Gewinnung des Honigs, dem einzigen Süßungsmittel, das zur Verfügung war, zumal der Zucker unseren Gegenden erst spät bekannt wurde. Als ein Trogo in Winterstetten an das Kloster St. Gallen 834 ein Gütlein vergab, sind eigens 7 Bienenstöcke erwähnt.

Aus Acker- und Wiesenbau ergab sich die Grundnahrung unserer Vorfahren, die von Mehl, Eiern und Milch lebten, ferner bereits von Gemüse neben dem Fleisch aus der Viehzucht: voran das Schwein, dann Rind, Schaf und Geflügel. Wildbret und Fische waren Ergänzung. Das vordem so beliebte Pferdefleisch wurde aus der Speisekarte gestrichen durch die Ausbreitung des Christentums, dem an der Ausrottung allen heidnischen Aberglaubens gelegen sein mußte.

Hauptgetränk war, wie zur Römerzeit so auch unter den Karolingern, noch nicht der Wein, sondern das Bier. Es dürfte aber wohl nie zu „Oktoberfesten" gekommen sein, denn dieses Bier war zunächst nicht aus Gerste, sondern aus Hafer gebraut! Doch hat über die Klöster bald der Hopfen und damit besseres Bier Verbreitung gefunden, wenn wir an die 3 Brauereien von St. Gallen denken, die im erwähnten Klosterplan aufgeführt sind. Hiebei ist deutlich geschieden zwischen Brauerei (bracitorium oder domus conficiendae celiae – Weizenbier) und Kühlhaus oder Lagerkeller (ad refrigerendam cervisam).

In der Herzogszeit (912–1268) hat sich der kulturelle Einfluß der Klöster bereits ausgewirkt. Der Ackerbau hatte an Bedeutung bis in die Bergtäler wesentlich zugenommen und war die Hauptbeschäftigung und Ernährungsgrundlage der beachtlich anwachsenden Bevölkerung. Bedeutender als bisher wurde auch die Viehzucht, die zur Käsezubereitung führte. Dies erhellt daraus, daß die Klostergüter im oberen Illertal ausschließlich mit Käse gülteten, wie zum Beispiel die Mühle zu Liebenstein im 12. Jh. an das Stift St. Ulrich und Afra zu Augsburg nicht Geld oder Getreide, sondern Käse reichte. Im Stift Kempten ist um 950 ein Obstgarten belegt, was auch in diesem Bereich auf eine Weiterentwicklung schließen läßt. Ferner hören wir aus dieser Zeit, daß ob der vielen Gewässer die Fischerei erblühte; ebenso nahm der Wildbestand in den Wäldern zu mit Rot- und Schwarzwild, auch Bär und Wolf. Bier wurde zwar noch immer gebraut, doch wurde es als Hauptgetränk vom Wein verdrängt, dessen Anbau überall, wo es möglich war, versucht wurde. Sein Ergebnis war aber nur saurer Landwein. Hiefür zeugen noch heute die Flurnamen „Wingert“, wie wir einen solchen sogar am Südhang des Grünten kennen und die Zisterzienser von Kaisheim den Weinbau am Donauhang von Leitheim betrieben. Die Vornehmen und deshalb Wohlhabenderen tranken ob der verbesserten Handelswege bereits eingeführte Weine aus Griechenland, Italien und Südtirol.

Aus dem späteren Mittelalter (1268–1517) erfahren wir mehr von der Weiterentwicklung der Lebensbedingungen und deren Formen in unserem Land. Dem bisherigen Akkerbau gesellten sich Gerste und in geringem Maß Roggen bei. Hiefür zeugen die auch im oberen Allgäu vorhandenen vielen alten, meist nur noch dem Namen nach, erhaltenen Mühlen.

Besondere Bedeutung erhielt der Anbau von Hülsenfrüchten: Erbsen (pisum), Linsen (lens esculata) und Bohnen, bei denen unterschieden wird zwischen der Acker- oder gemeinhin Saubohne (faba vulgaris) und der Gartenbohne (Phaseolus vulgaris – Fasole, Fisole). Neben Flachs und Hanf nimmt nun aber auf den Feldern einen beachtlichen Platz ein: das Kraut (brassica oleracea capitata), das damit sicher auch seine lange behauptete Stellung in der schwäbischen Küche eroberte mit den Hülsenfrüchten. Wie stark diese Früchte im Leben unserer Vorfahren vertreten waren in Genuß und Auswirkung, das mag man in Erfahrung bringen in dem geradezu unerschöpflichen siebenbändigen „Schwäbischen Wörterbuch“ jenes hochverdienten Schwaben Hermann Fischer (1851–1920) und den dort auffindbaren, unentwegt erquickenden Ergüssen kerniger, schwäbischer Volksseele.

Einer der großen Söhne unseres Schwabenlandes, der Gelehrte und Heilige Albertus Magnus, 1193 zu Lauingen geboren († 1280), gibt uns auch Auskunft über das, was im 13. Jh. angebaut wurde. In seinem Werk „De vegetabilibus – von den Pflanzen“ zeichnet er im 7. Buch unter anderem auf, was der Gemüsegarten dieser Zeit enthielt: Gurke, Kürbis, Melone, Erbse, Bohne, Linse, Kresse, Brunnenkresse, Salat, Endivie, Senf, Kohl, verschiedene Rüben, Rettig, Meerrettig, Sellerie, Petersilie, Karde, Bocksbart und Spinat, der in diesem Werk überhaupt erstmals genannt ist und vermutlich von den Kreuzfahrern mitgebracht wurde. Auch hören wir bei Albert dem Großen des weiteren von Würzkräutern dieser Zeit wie: Salbei, Boretsch, Bohnenkraut, Mayoran, Lavendel, Ysop, Schnittlauch und Knoblauch.

Welche Bedeutung der Viehzucht erwuchs, fand vielerlei Niederschlag in zahlreichen Streitigkeiten um Wun (Laub an Hecken und Wald), Weid (Graswuchs), Trieb (Weide im Allmend und Holz) und Tratt (Weide auf Äckern und Wiesen). Diesen Wiesen wandte man immer mehr Aufmerksamkeit zu in Pflege und Bewässerung, wie schon 1290 ein Vertrag zwischen Stadt und Kloster Isny zeigt über die Benützung der Isnyer Ach zur Wiesenbewässerung.

Die Milchwirtschaft wurde auf Schwaigen betrieben, die für das Hochstift Augsburg schon 1316 belegt sind in Nachsee bei Bernbeuren und Bischofswang bei Roßhaupten, die jährlich je 800 Käse ablieferten. Von der Alpwirtschaft hören wir nur wenig, wenn auch 1482 Hans von Laubenberg von zwei Oberstdorfern ein Drittel der Alpe Einatberg kaufte, deren Einschlag insgesamt 50 Rinder und 4 Pferde waren.

Die Jagd war mittlerweile dem Bauern untersagt durch den Wildbann des Grundherrn, neben dem es nur wenig „freie Pirs“ gab und deshalb wohl auch weniger Wildpret für die Bauernküche. Dagegen wurde die Fischerei immer ertragreicher. Felder wurden zu Weihern ertränkt. Man kannte auch bereits das Bevölkern der Gewässer mit jungen Fischen. So ließ der Fürstbischof von Augsburg 1490 den Gaisalpsee am Fuße des Nebelhorns besetzen mit Forellen und Pfrillen (= Pfelle, Bachfisch, Phoxinus laevis —▻ Felchen).

Der Obstbau kam immer mehr in Blüte, vor allem mit

Steinobst im Umland von Memmingen. Von dort wurde im 15. Jh. rege Ausfuhr betrieben von „Pflaumenselchs“ (G’selz) bis gen Lyon. Die Bienenzucht war nach wie vor von großer Bedeutung wegen Wachs und Honig. Zwar beginnt erst um 1456 langsam der Zucker aufzukommen. Man kannte ihn bereits im 3.–6. Jh. in Indien in fester Form. Die Araber brachten anfangs des 8. Jh. die ersten Zuckerhüte nach Spanien und Sizilien. Durch die Kreuzzüge gelangte er ins übrige Europa. Schwaben darf sich rühmen, in Augsburg 1573 die erste Zuckersiederei zu besitzen, die eingeführten Rohrzucker verarbeitete.
Der Landmann jedoch wird von seinen Erzeugnissen selbst nur wenig genossen haben. Denn er mußte sie in das stets notwendige Bargeld umsetzen auf den Märkten. Wir können den zahlreichen Markt- und Zollgesetzen und Verordnungen entnehmen, was zum Handel kam in den Städten: Korn, Obst und Salz.
Unseren Ahnen wird aus dieser Zeit bescheinigt, daß sie Freunde der Tafelfreuden waren. So bekam im 15. Jh. im fürstlichen Stift Kempten jeder Konventherr täglich 2 Maß Wein, 4 Brote. An Fleischtagen zum Morgenmahl 5, zum Nachtessen 4 Schüsseln. An Fasttagen morgens 5, zum Abend 4 Fischgerichte. Wir können dies nach heutigem Maß allerdings nicht nachrechnen. Wie es auf der Gegen-

seite bei den Armen aussah, mögen wir den Anweisungen entnehmen, die der Kaufbeurer Patrizier Peter Honold 1487 in seiner Stiftung mit 425 Gulden verband: Es sollten jeden Samstag an die Armen ausgeteilt werden: 10 Pfd. rohes Rindfleisch, 2½ Pfd. Schmalz, 46 Pfd. Brot. In der Fastenzeit statt Fleisch: die ersten 2 Wochen: 2½ Vierling Musmehl; die folgenden 2 Wochen: 3 Viertel Erbsen; die letzten 2 Wochen: 5½ Pfd. Schmalz. Diese Zuteilung dürfte wohl eher einen Blick ermöglichen, was man in den breiteren Schichten des Volkes zu essen hatte.

Um diese Zeit scheint als Hauptgetränk nach wie vor der Wein überwogen zu haben. Man weiß um dessen Herkunft: Bodensee, Neckar, Breisgau, auch Elsässer- und Welschweine. Den Hauptanteil aber dürfte der Tiroler gestellt haben, bedenkt man, daß die Weingüter der schwäbischen Stifte (so z.B. Kempten, Ottobeuren und Füssen) rund um Meran und Lana lagen.

Von der mittelalterlichen Küche haben die Forscher die einhellige Meinung, daß sie uns Heutigen wohl kaum mundgerecht gewesen wäre. Denn die Speisen waren stark gewürzt oder über Gebühr versüßt. Dies muß auch der Grund für das häufige Schröpfen und den allgemein üblich gewordenen Aderlaß gewesen sein. Wir gehen jedoch nicht fehl, wenn wir aus allem bisherig dargelegten den Schluß ziehen, daß der größere Teil unserer Vorfahren, meist doch Kleinbauern (Söldner) und Handwerker, bescheiden leben mußte. Mehl und Schmalz, Früchte und Käs waren in der Speisekarte jedenfalls überwiegend, wie jener Sebastian Münster (1489–1552) in seiner „Cosmographia" die Lebensweise in Schwaben beschreibt: „Der gemein man isst gar ruch schwartz gersten- oder haberbrot." Dieses rauhe Schwarzbrot mag als Aufschluß für alles übrige gelten.

An der Schwelle der Neuzeit steht eine große Errungenschaft: die Erfindung des Buchdruckes. Und schon rund 30 Jahre nach Meister Gutenbergs erster Bibel rückt auch die Küche in den Bereich der Aufmerksamkeit rühriger Verleger. Peter Wagner druckte 1485 zu Nürnberg das erste Kochbuch, auf das wir Schwaben stolz sein dürfen; denn nach einhelligem Urteil der Fachleute lag eine aus Schwaben stammende Handschrift zugrunde. Diese ersten Bücher, die mehrorts zahlreiche Nachdrucke fanden, nannten sich bezeichnenderweise „Küchenmeisterei“ und sind in die Geschichte des Buchwesens eingegangen. Wir begegnen ihnen 1494 in Augsburg, 1495 zu Ulm und 1497 wiederum zu Augsburg. Diese Bücher geben erstmals Aufschluß, wie man gekocht hat, wenn sie auch keinerlei Mengen angeben. Sie richten sich eben an die Küchenmeister der Herrschaftshäuser, denen Einzelheiten ohnehin geläufig waren. Einblick in die Küche des breiten Volkes gewähren diese Bücher keineswegs. Doch sind sie als sprachgeschichtliche Quelle im Übergang vom späten Mittelhochdeutsch zum neueren Hochdeutsch aufschlußreich für viele Bezeichnungen, die bei uns immer noch geläufig sind.

Hier finden wir: *agrest* (saure Brühe), *bachen, bretig* (unser so typisches Brät), *byre* (wie wir immer noch die Birne nennen), *fledlein* (unsere Flädle), *gemecht* (Vorläufer des späteren Haschee), *hasenor* (Hasenöhrle, Pfannzelten), *ingereusch* (Kuttelfleck), *kubeben* (Zibeben). *Salse* ist das alte deutsche Wort unserer Vorfahren (lateinisch salsa, salsatum: gesalzene Brühe), das von der französischen ‚Sauce' verdrängt wurde. Es finden sich die *strauben,* man kennt das *welgerholz* (Nudelwaler), den *zigeren* (geronnene Milch), weiß von *zweren* (Teig einrühren: unser Zwerle) und kennt den *zwiffel,* wie wir heute noch den Zwiebel nennen. Ferner begegnet uns der Salsenlebkuchen, den man aus eingeweichten Brotrinden mit viel Pfeffer, auch Kümmel, gebacken hat, um ihn aufbewahren zu können und als Würz- und zugleich Bindemittel in der „Speis" für Salsen vorrätig zu haben.

Der Ulmer Arzt Johann Stockar widmete 1538 dem Herzog Eberhard von Württemberg „Ain gründtlichs wahrhaftigs Regiment, wie man sich mit aller speyss, getranck und früchten halten sol", das zu Augsburg gedruckt wurde.

Ein eigenständig schwäbisches Herrschaftskochbuch erschien von Balthasar Staindl aus Dillingen zu Augsburg 1560 bei Mathäus Franck: „Ain künstlichs und nutzlichs Kochbuch.“

Über die Lebensweise unserer Vorfahren müssen uns in der weiteren Entwicklung wohl wiederum Nachrichten Aufschluß geben, die sich aus den Werken zur Geschichte unseres Schwabenlandes ermitteln lassen. So hören wir, daß im Bereich des Getreidebaus neben Haber, Gerste und Roggen der Feesen überwog. Ab 1641 jedoch muß ein mählicher Rückgang des Feldbaues erfolgt sein zugunsten der Viehzucht und deren erhöhtem Heubedarf.

Der Obstbau gewann ebenfalls an Bedeutung und gesetzlichem Schutz, zumal man ab 1581 zu Memmingen die Obstdiebe mit dem Schnellgalgen bestrafte. Dort war man bereits 1562 auch führend im Hopfenbau. Dies mag seine Begründung haben, durch den aus München gekommenen Damian Kampeler, der in Füssen 1475 als erster Bierbrauer gerühmt wird.

Im 18. Jh. erfuhr die Viehzucht neuen Aufschwung durch den Anbau von Klee, wie man aus der Ottobeurer Klosterchronik von 1783 unter Abt Honorat Goehl weiß. Die Alpwirtschaft diente mehr der Viehzucht für den Markt, der im Tal auch mit der Milch und den daraus gewonnenen Produkten – Butter, Zieger und Magerkäs – beschickt wurde. Allseits war man auch um Bodenverbesserungen bemüht, um Flurbereinigung und Landvermessung, wie zu Kempten und Ottobeuren. Wo Salpeter zu finden war, errichtete man Steinmühlen zur Kunstdüngerbereitung zum „Begeilen" der Felder. Aus dem Fürstbischöflich-Augsburgischen Oberdorf wissen wir, daß man sich zur Hebung des Obstbaus um bessere Baumpflänzchen aus Würzburg bemühte.

Einen Ableger fand die schwäbische Küche zwischen Budapest, Belgrad und Bukarest, durch die Donauschwaben, die nach Prinz Eugens Sieg zu Belgrad 1717 unter Kaiser Karl VI. und seiner Tochter Maria Theresia bis in den Banat zogen. In Ungarn liebt man heute noch die Topfenfleckle als Turoscsusza. Im Banat sind sie ebenfalls heimisch mit Spätzle und „Tascherl", die genau unseren Maultaschen entsprechen.

Eine besondere Bewandtnis hat es mit den Kartoffeln. Als jener Preußenkönig Friedrich II. die Großmachtpolitik seines Vaters fortsetzte und in den beiden ersten Regierungsjahren schon im österreichischen Schlesien einfiel, mußte er für seine weiteren Pläne blutiger Bruderkriege auch an die Versorgung der Bevölkerung denken und befahl 1742 durch Edikt den Anbau der Kartoffel in seinen Landen. In unserem Schwabenland fanden diese aber lange keine Freunde. Wenn auch ein Lindenberger, der Stallmeister des Königs von Sardinien war, von dort um 1753 diese Frucht ins Allgäu brachte, gelang es aber erst durch die dem Hungerjahr 1772 folgenden Zeiten, diesen „Bodenbiren“, entsprechend der schwäbischen Zurückhaltung, langsame Anerkennung und Verbreitung zukommen zu lassen. Dadurch wurde der Anbau der Bohnen, bisher eines der Hauptnahrungsmittel, allmählich zurückgedrängt. Doch mag es unseren Schwaben zum Ruhme gereichen, in welch kurzer Zeit sie auch mit der neuen Bodenbire eine beachtliche Vielfalt an Gerichten erfanden. Dabei mag die Frage beschäftigen, was aß man denn vor den Bodenbiren zu Braten und Soßen? Darüber geben die Speisezettel des Seminars St. Josef der Jesuiten zu Augsburg ab 1724 Aufschluß: Man reichte an Festtagen als Zuspeise Gerstlen, gekochte und geschmälzte Gerstengrütze, die noch verfeinert werden konnte als Eiergerstlen. Ferner kannte man für besondere Anlässe als Zuspeise das uralte „Kratzet“. Erstaunlich mag sein, daß sich laut Spitalrechnungen von Kaufbeuren und Memmingen auch schon der Reis findet, jedoch nur als Beispeise.

Auch noch an der Schwelle des 19. Jh. lebte unser Volk äußerst einfach und bescheiden. Man weiß, daß Fleisch eine ausgesprochene Seltenheit und Festzeiten als auch besonderen Anlässen um Leben und Tod: Taufe, Hochzeit, Leichenmahl vorbehalten war. Selbst in Herrschaftshäusern kam der Fisch vor dem Fleisch.

M. Förderreuthers Feststellung um 1900 darf für unser ganzes Schwabenland gelten: Man lebte jahraus, jahrein von den Milchprodukten in Verbindung mit Mehl, Eiern, Kraut und Bohnen. Suppen und Müsle waren Morgen- und Nachtessen. Die Hauptmahlzeiten bestanden aus Nudle, Spätzle oder Knöpfle, Küchle, Kratzet und Aufläufen. Nicht einmal „Die Sieben Schwaben" konnten bei ihrem abenteuerlichen Zug auf ihren Feldkoch verzichten, der als „Knöpflesschwab" mit Hafen, Pfanne und Seiher unentbehrlich war. Man darf also damit feststellen, daß die Küche unserer Vorfahren ein gutes Jahrtausend auf

diesen Grundelementen mit geringen Abwandlungen, höchstens Ergänzungen beruhte und die Schwaben damit heiter und zufrieden waren. Kein Haushalt entbehrte des Backofens, des Nudelbrettes und des Walers, des dreifüßigen Spatzenseihers, den der aus schwäbischem Erfindergeist geschaffene Spatzenhobel ablöste.
So lesen wir in einer Beschreibung der Herrschaft Buxheim von 1807: „Die Nahrungsweise ist frugal. Bei dieser Lebensweise ist auch der ökonomische Zustand der Untertanen ungeachtet der großen Kriegserlittenheiten ziemlich gut beschaffen." Ähnlich, nur ausführlicher, lautet auch der Bericht des Kgl. Landgerichtsarztes von Grönenbach 1861. Er beschreibt eingehend nach Kategorien (arme Leute – Söldner, Bauern, Handwerker) die werk- und sonntäglichen Mahlzeiten. Beachtenswert sind dabei die sämtlichen 11 Gänge der Hochzeitsmähler nach den dort gegebenen Bekenntnissen: luthrisch, reformiert, katholisch.

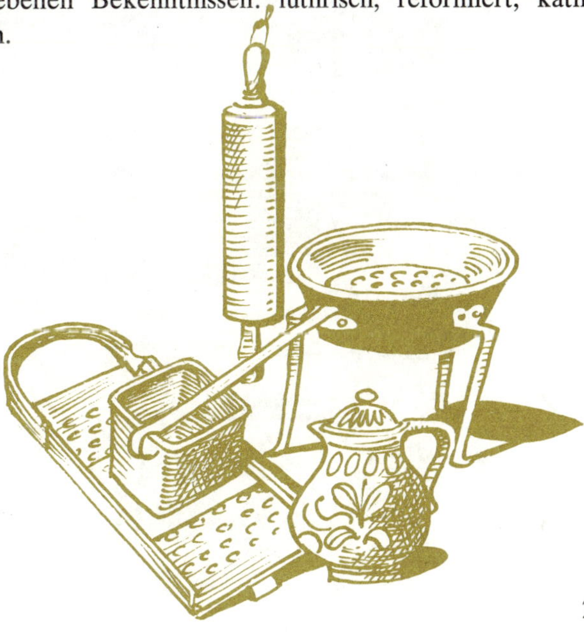

Durch Fremdenverkehr und Industrialisierung hat sich mittlerweile vieles geändert. Auch mag die frühere, kräftige und wohl schwere Kost unserer heutigen Tätigkeit nicht mehr tauglich erscheinen. Doch bleibt in jedem wackeren Schwaben in Stadt und Land und wohl noch mehr in der Fremde ein gewisses Heimweh nach der angestammten und geliebten Kost, die in ihrer herben Schlichtheit und zugleich reichen Vielfalt ein schmuckes Ruhmesblatt der Geschichte unserer schwäbischen Heimat bleibt. Und da eben der Herrgott dieses liebe Ländle erschaffen hat, schwebte sein Geist nicht nur über den Wassern – sondern auch über der schwäbischen Küche.

Dann noch ein guter Rat

Ond bei allem guete Easse
derf ba niemols drauf vergeasse:
daß ba au an Hearrgott denkt,
der oim all die Sächle schenkt.
Drum g'heart s'Beate au derzue,
witt it sei wie d'Sau ond Kueh.

Drom g'heart vor die Rezeptle
au a schwäbisch Tischgebeatle:

Eiser Hearr im Himmel dobe.
Mir send do ond wend Di lobe.
Labescht eis mit Speis ond Trank.
Drum saget mir Dir Lob ond Dank.
Amen.

Die angegebenen Mengen sind jeweils für 4 Personen berechnet.

*Gerichte aus Großmutters sparsamer Zeit, die heute selten mehr üblich sind und doch festgehalten werden sollten.

Erklärung der Abkürzungen:

EL = Eßlöffel
TL = Teelöffel

Gerichte

Brennsuppe

50 g Fett, 4 EL Mehl, 1½ l Wasser, Salz, Pfeffer, 1 Zwiebel, Kümmel und Würzkräuter.

Das Fett erhitzen. Mehl dazugeben und bräunen. Die kleingeschnittenen Zwiebelschnitzle daruntermengen. Mit Wasser aufgießen, mit Salz, Kümmel und anderen Würzkräutern (z. B. Thymian, Bohnenkraut, Majoran) nach Belieben abschmecken.

Wasserschnalle*

40 g Fett, 1 Zwiebel, 2 bis 3 Schnitten alter Brotreste, ¾ l Wasser oder Fleischbrühe, Salz, Pfeffer, Majoran, Thymian, Kümmel, 1 EL Butter.

Den gehackten Zwiebel im Fett rösten, bis er goldgelb ist, Thymian und Majoran dazugeben. Unter Umrühren die in Würfel geschnittenen Brotreste daruntermischen, mit Wasser aufgießen, einige Minuten aufkochen lassen, mit Salz und Pfeffer abschmecken. Beim Anrichten eine kleine Schnitte Butter in die heiße Suppe rühren.

Schledderles-Suppe, Schlettersuppe

ähnlich der Einlaufsuppe

2 EL Mehl, 1 Ei, Salz nach Belieben, 1 TL Wasser.
Suppe: Suppenbrühe, Salz, Muskat, Pfeffer, Grünzeug.

Sämtliche Zutaten werden in einem Schnabeltöpfle kräftig verrührt, so daß der Teig wie eine Schnur vom Löffel läuft. Den Teig streift man mit der Messerspitze vom Schüsselrand in die kochende Suppenbrühe. Damit ergeben sich die Schletterle, die in ihrer länglichen Form ein Mittelding zwischen Spätzle und Nudle darstellen.
Nach Aufkochen und Abschmecken (Salz, Muskat, Pfeffer, Grünzeug) ist die Suppe tischfertig.

Eiergerstensuppe

100 g Semmelbrösel, 2 Eier, 50 g Butter, etwas Salz, 1 gestr. TL Muskatnuß, Fleischbrühe.

Der Butter wird im Suppentopf erwärmt und mit den Semmelbröseln, den Eiern, Salz und Muskatnuß gut verrührt. Man gießt die nötige Fleischbrühe warm, aber nicht heiß, langsam auf und verrührt bis zum Kochen.
Es kann nachgewürzt und sofort serviert werden.

Aufgeschmälzte Brotsuppe

150 g Schwarzbrot, 1 1/2 l Wasser oder Fleischbrühe, 1 Zwiebel, 1 EL Schmalz, 2 Leberwürste, 1 EL Majoran, Salz und Pfeffer nach Belieben.

Das Brot wird über Nacht in 1 1/2 l Wasser eingeweicht, sodann gekocht und durchpassiert. Dem fügt man die Leberwürste sowie Majoran, Salz und Pfeffer nach Belieben hinzu.
Zwischenzeitlich wird der Zwiebel in Ringe geschnitten, gebräunt und samt dem heißen Fett kurz vor dem Servieren auf die Suppe in der Terrine gegossen.
Dazu aß man gerne Kartoffel in der Schale und da und dort wurde im Teller auch etwas kalte Milch eingerührt.

Großsuppe = Grießsuppe (Mittelschwaben)

1 l Fleischbrühe, 1 Tasse Grieß, 1 Ei, 1 Sträußchen Petersilie oder Schnittlauch, 50 g Butter, Salz, Pfeffer, Muskat nach Belieben.

In die siedende Fleischbrühe wird der Grieß vorsichtig eingerührt und 1 Std. gekocht. Kurz vor dem Servieren rührt man das verquirlte Ei unter, würzt mit Salz, Pfeffer und Muskat ab, und bestreut die Suppe mit dem gehackten Grünzeug samt Butterflocken.

Braune Großsuppe

Die Zubereitung erfolgt wie bei der Großsuppe, nur daß der Grieß zuvor in gebutterter Pfanne gelb vorgeröstet wurde. Außerdem muß dadurch der Grieß 1½ Std. in der Suppe gekocht werden. Zusätzlich mit Muskatblüte abgewürzt, wird die Suppe serviert.

Falsche Fleischsuppe

½ Sellerieknolle, 1 Petersilienwurzel, 1 Lauch, 2 gelbe Rüben, 1 Zwiebel, 50 g Butter, 1½ l Wasser.
Suppeneinlage: etwas Rosenkohl, etwas Blumenkohl, etwas gelbe Rüben.

Das kleingeschnittene Wurzelzeug wird in zerlassenem Butter kurz angedünstet und mit Wasser aufgegossen. Man läßt das Ganze 1½ Std. kochen, seiht das Wurzelzeug ab, würzt die Brühe mit Salz und Pfeffer nach Belieben und gibt die für sich in leichtem Salzwasser gedünsteten, feingeschnittenen Suppeneinlagen wie Rosenkohl, Blumenkohl und gelbe Rüben hinzu.
Heute wird man diese Brühe mit Fleischextrakt und einer Prise Glutamat verfeinern.

Kartoffelsuppe

4 große Kartoffel, 1 Port. Suppengrün (Sellerie, Petersilienwurzel, gelbe Rüben), 2 EL Mehl, 50 g Butter, 1 EL Kümmel, 1 gestr. TL Muskatnuß, Salz und Pfeffer nach Belieben, 1 EL Majoran.

Das Wurzelzeug wird in kleine Stücke geschnitten und mit den geschälten, gescheibten Kartoffel in 1½ l Wasser so lange verkocht, bis die Kartoffel vermusen.
In einem zweiten Topf läßt man den Butter zergehen, rührt das Mehl ein und gießt langsam unter stetem Rühren den durchpassierten Suppensud hinzu. Zuletzt würzt man die Suppe mit Kümmel, Muskatnuß, Salz und Pfeffer.

Milzsuppe

250 g Milz, 1 Zwiebel, 1 Sträußchen Petersilie, 50 g Butter, 2 EL Mehl, 1½ l Wasser oder Fleischbrühe, Salz und Pfeffer nach Belieben.

Die Hälfte der Petersilie und der Zwiebel werden feingehackt und kurz in Butter angedünstet. Man rührt das Mehl ein und gießt Wasser oder Fleischbrühe auf. Die Milz wird geschabt und ebenfalls in den Topf gegeben. Man läßt das Ganze kurz aufkochen und würzt mit Salz und Pfeffer. Kurz vor dem Servieren wird die andere Hälfte Petersilie feingehackt dazugegeben.

Mostsuppe* (Allgäu und Mittelschwaben)

50 g Fett, 50 g Mehl, 2 EL Zucker, 1 l Most (auch möglich mit herbem Weißwein), 1 Prise Salz, Saft und geriebene Schale einer halben Zitrone, 2 Eigelb, geröstete Weißbrotwürfel.

Aus Fett und Mehl wird eine helle Einbrenne zubereitet, die mit dem eingerührten Most abgelöscht wird. Dann würzt man mit Zitronensaft und Schale sowie Zucker und Salz. Das Ganze wird kurz aufgekocht. Der Topf wird vom Feuer gezogen, und die etwas abgekühlte Suppe mit dem verquirlten Eigelb legiert. Die Suppe darf nun nicht mehr aufgekocht, sondern nurmehr tischfertig erwärmt werden.

Man reicht sie mit gerösteten Weißbrotwürfeln.

Sauerampfersuppe*

1 Portion Sauerampfer, 1 Portion Kerbelkraut, 50 g Butter, 3 EL Mehl, 1 Eigelb, 4–5 EL saurer Rahm, ca. 1½ l Fleischbrühe oder Wasser.

Man läßt den Butter in einem Topf zergehen, rührt mit dem Schneebesen das Mehl ein und gießt anschließend mit Fleischbrühe oder Wasser auf. Dann gibt man die gewaschenen und gehackten Kräuter zu und läßt die Suppe kurz aufkochen. Wenn sie etwas abgekühlt ist, legiert man die Suppe mit Eigelb. Nun wird sie mit Salz, Pfeffer und 1 Prise Zucker gewürzt. Beim Anrichten sauren Rahm darunterrühren.
In mancher Küche Schwabens wird feinstverhackter Knoblauch noch darübergestreut.

Schneiderflecklesuppe

1 Ei, 1 EL Wasser, etwas Salz, 200 g Mehl, Fleischbrühe, Muskatnuß, Schnittlauch.

Auf dem Brett bereitet man aus Mehl, Ei, Wasser und Salz einen Nudelteig, walgt ihn hauchdünn aus und hängt ihn zum Trocknen über eine Stuhllehne o. ä. Nachdem der Teig 1½–2 Std. gehangen hat, wird er in kleine Teile von 15×15 mm geschnitten. Während des Ausbreitens auf dem Brett muß immer wieder Mehl darübergestreut werden. Man läßt leichtes Salzwasser kochen und gart darin die Fleckle 10–15 Min. Man schwenkt sie unter kaltem Wasser und gibt sie anschließend in die sehr heiße Fleischbrühe, die gewürzt und mit Schnittlauch bestreut wird.

Riebelesuppe

Die Zubereitung des Teiges wie bei Schneiderflecklesuppe, doch wird der Teig etwas fester gehalten und mit dem Reibeisen auf das Backbrett gerieben. Die Garung im Salzwasser erfolgt in wenigen Minuten. Dann werden die Riebele abgeseiht und in die heiße Fleischbrühe gegeben.

Kässuppe* (Allgäu)

50 g Butter, 50 g Mehl, 200 g Emmentaler Käs , 1 l Fleischbrühe, 1 Eigelb mit etwas Milch oder Rahm verquirlt, Salz und Pfeffer nach Belieben, 1 Prise Zucker, 2 Scheiben Weißbrot, 20 g Butter.

In zerlassenem Butter wird das Mehl eingerührt und mit Fleischbrühe aufgegossen. Man läßt das Ganze gut aufkochen und rührt den gescheibten Käs hinzu, bis er verkocht. Die Suppe wird vom Feuer genommen und mit verquirltem Eigelb legiert. Man würzt mit Salz, Pfeffer und Zucker nach Geschmack.
Dann wird das Weißbrot gewürfelt, in Butter allseits goldgelb gebacken und vor dem Servieren auf die Suppe gegeben.

Biersuppe*

1½ gehäufte TL Mehl, 50 g Butter, 1 l helles Bier, 1 Stückchen Zimt, Zucker nach Belieben, 2 Eigelb, ⅛ l Milch. Einlage: gebähte Weißbrotschnitten.

Das Mehl wird in Butter hellgelb geröstet und mit Bier abgerührt. Mit Zimt und Zucker läßt man das Ganze aufkochen. Das Eigelb wird mit Milch verquirlt und in das heiße, nicht mehr kochende Bier eingerührt. Nun wird die Suppe abgeseiht und mit gebähten (= trocken gebacken, getoastet) Schnitten serviert.

Flädle

200 g Mehl, 2 Eier, ¼ l Milch, 1 Prise Salz, Backfett.

In das Mehl wird nacheinander die Milch mit den Eiern eingerührt und mit Salz gewürzt. Man läßt in der Pfanne bei mittlerer Hitze wenig Fett zergehen. Sobald das Fett heiß ist, gießt man in die schräg gehaltene Pfanne den flüssigen Teig, so daß der ganze Pfannenboden dünn belegt ist. Sobald das Flädle auf der Unterseite gelbe Flecken aufweist, wird es mit der Backschaufel entlang dem Pfannenrand vorsichtig gelöst und zum Weiterbacken gewendet. Das fertige Flädle wird zum Abkühlen abgelegt.
Soll es als Einlage zur *Flädlesuppe* bereitet werden, dann wird es gerollt und feingeschnitten in die heiße Suppenbrühe eingelegt, die dann nach Belieben abgeschmeckt werden kann mit Muskat, Grünzeug und ähnlichem.

Brandteigknödel (Ries)

¼ l Milch, 40 g Butter, 1 Prise Salz, 140 g Mehl, 4 Eier, einige Tropfen Branntwein.

Die Milch wird mit Butter und Salz im Topf kurz aufgekocht und das gesamte Mehl zugegeben (den Topf vom Feuer nehmen) und die Masse gut durchrühren, bis ein sämiger Teig entsteht. Dann gibt man den Topf wieder auf das Feuer und rührt so lange, bis sich der Teig von Topf und Löffel löst.
Die Masse wird nun schnell in einen neuen, bereitstehenden Topf gegeben und so lange gerührt, bis sie fast erkaltet ist.
Kurz zuvor rührt man in die Masse 4 Eier, einige Tropfen Branntwein, formt kleine Knödel und bäckt sie im Fett schwimmend goldgelb heraus.

Grießknödel

50 g Butter, 80–100 g Grieß, 2 Eier, 1 gestrichenen TL Muskatnuß gerieben, etwas Salz und Pfeffer, 1 Büschel Petersilie.

In den schaumig gerührten Butter werden alle übrigen Zutaten allmählich eingerührt. Damit der Grieß anquellen kann, läßt man die Masse ½ Std. stehen. Nun können mit 2 TL längliche Knödel geformt werden, welche man in schwach kochender Fleischbrühe garen läßt. Es empfiehlt sich, den Topf dann vom Feuer zu nehmen, um die Knödel noch ½–¾ Std. quellen zu lassen.

Gebackene Grießknödel (westliches Schwaben)

120 g Grieß, ¼ l Milch, 2 Eier, etwas Salz, weißer Pfeffer, Petersilie, etwas Muskatnuß, 30 g Butter.

Der Grieß wird in die kochende Milch eingerührt, bis sich ein dicker Kloß bildet. Man nimmt den Topf vom Feuer und rührt, wenn die Masse etwas erkaltet ist, die Eier hinzu. Dazu gibt man anschließend die gesamten Gewürze mit der gehackten Petersilie. Man kann sofort Knödel formen, im Fett schwimmend 20 Min. backen und anschließend in leichtem Salzwasser weichkochen. Von dort entnommen, werden sie in die Suppenbrühe gegeben.

Kräuter-Maultaschen – Grüne Krapfen

Teig: 500 g Mehl, 1 Ei, wenig Wasser.
Füllung: Petersilie, Schnittlauch oder sonstige Gartenkräuter (Schnattern), ⅛ l saurer Rahm, auch Reste von Suppenfleisch.

Den Teig aus Mehl, Ei und Wasser richtig vermengen und auf gemehltem Backbrett hauchdünn auswalgen. Sodann in Streifen von 10 cm Breite schneiden, mit der ungesalzenen Füllung bestreichen, und den Fladen zusammenrollen und mit dem Tortenrädchen 6 cm lange Stücke schneiden, wodurch die Ränder zusammengepreßt werden. Man dünstet die Taschen in wenig gesalzenem Wasser (Flüssigkeit soviel man Suppe will) 10 Min., würzt den Sud nach und gibt den Rest der sauren Sahne vor dem Servieren in die Suppe.
Die Füllung kann auch mit Spinat erfolgen.

Gefüllte Maultaschen

Teig: 250 g Mehl, 2 Eier, Salz, 4–5 EL Wasser.
Füllung: 500 g Geräuchertes, gekocht, 1 Semmel gewürfelt, feingeschnittene Zwiebelröhrle (Schnattern), 1 Pfannkuchen, Salz und Pfeffer nach Belieben, zum Zusammenkleben 1 Eiweiß.

Als Suppenbrühe eignet sich hierfür der Sud vom Geräucherten.
Zunächst wird ein Nudelteig aus Mehl, Eiern, Salz und Wasser hergestellt, tüchtig geknetet und sofort auf gemehltem Brett ausgewalgt. Man schneidet Quadrate von 12 × 12 cm.
Nun fertigt man die Füllung aus dem gewürfelten Geräucherten, gerösteten Semmelwürfeln, Zwiebelröhrle, den kleingeschnittenen Pfannkuchen und würzt mit Salz und Pfeffer nach Belieben. Man gibt auf jedes Teigstück einen gehäuften EL Füllung, bestreicht die Ränder mit Eiweiß und faltet den Teig übereck, so daß ein gefülltes Dreieck entsteht. Die Ränder, mit dem Finger aufeinandergepreßt, kleben sofort zusammen. Man gibt die Maultaschen in leicht kochendes Salzwasser, läßt sie dort 5 Min. ziehen, wobei man sie einmal wendet.
Sie werden sehr vorsichtig herausgenommen, da sie sonst leicht brechen. Dann sofort zum Servieren in die heiße Suppe geben.

Gebackene Spatzen – Bachene Spatzen

Backerbsen

3 Eier, 250 g Mehl, ⅛ l Milch, 1 Messerspitze Salz, 1 kg Schmalz zum Backen (heute besser in der Fritteuse).

Die Eier werden mit dem Mehl unter Beigabe von Salz und der angewärmten Milch mit dem Schneebesen kräftig verquirlt. Man läßt die zähflüssige Masse über den Spatzenhobel in das heiße Fett gleiten. Sobald die Spatzen goldgelb gebacken sind, werden sie mit dem Schaumlöffel zur späteren Verwendung entnommen.
Man gibt sie so in die heiße Fleischbrühe.

Biskuit-Streifle (Ries)

60 g Butter, 2 Eier, 100 g Mehl, etwas Milch, Salz nach Belieben, etwas Backpulver.

Der Butter wird mit den 2 Eigelb schaumiggerührt, dem man die Milch, Mehl, Salz und Backpulver zugibt. Zwischenzeitlich werden die 2 Eiweiß zu Eischnee geschlagen, der vorsichtig der Masse unterhoben wird. Man bestreicht ein mit Pergamentpapier ausgelegtes Backblech 8 mm hoch mit der Teigmasse und bäckt sie bei mittlerer Hitze im Rohr heraus. Nach dem Erkalten schneidet man Streifen von 2×4 cm, die man kurz vor dem Servieren in die Suppenbrühe gibt.

Gebackene Schwämme (Mittelschwaben)

100 g Geigenmehl (wurde aus eigens hierfür angefertigten Geigen gemahlen. Die Geigen waren Wecken oder Mutscheln aus Mehl und Wasser, ohne Salz und sonstige Zutaten. Heute verwendet man Mutschelmehl.), 2 Eier, reichlich Muskatnuß, Salz, ⅛ l warme Milch, Ausbackfett.

Das Mehl wird mit der lauwarmen Milch, den Eiern und Gewürzen vermengt. Man läßt den Teig ½ Std. stehen. Nun werden mit dem TL kleine, längliche Knödel geformt und im Fett schwimmend gebacken, bis sie ziemlich braune Farbe annehmen. Sodann entnimmt man sie dem Fett und kocht sie in Salzwasser ½ Std. weich. Mit dem Schaumlöffel entnommen, gibt man sie zum sofortigen Servieren in die Fleischbrühe.

Brätknödel

125 g Brät, 1 Ei, Salz, Pfeffer, etwas geriebene Zitrone, ein Büschel Petersilie, Semmelbrösel, etwas Süßrahm oder Milch.

Das Brät wird mit Rahm oder Milch abgerührt, dann Ei und Gewürze zugegeben und so viel Semmelbrösel eingerührt, daß eine geschmeidige, feste Masse entsteht. Kleine Knödel abstechen, in leicht kochendes Salzwasser legen und ziehen lassen. Die Knödel dürfen nicht kochen. Anschließend in heiße Fleischbrühe legen und servieren.

Brätspätzle

Die Zubereitung erfolgt wie bei Brätknödel, jedoch wird die Brätmasse durch etwas mehr Milchzugabe weicher gehalten. Man gibt sie in den Spatzenhobel und läßt die Spätzle in kochendes Salzwasser fallen, wo man sie etwas ziehen läßt. Dann entnehmen und in die Fleischbrühe geben.

Brätstrudel

Für die Flädle (Pfannkuchen): 200 g Mehl, 2 Eier, ⅛ l Milch, 1 Prise Salz.
Für die Füllung: 200 g Kalbsbrät, 40 g Süßrahm, 1 Ei, 1 Sträußchen Petersilie, Schale einer halben Zitrone, Salz, Pfeffer, Muskatnuß, Thymian, 1 Prise Zucker.

Der Flädleteig wird aus Mehl, Eiern, Milch und Salz zubereitet, kurz geschlagen und in der leicht gefetteten Pfanne bei mittlerer Hitze von beiden Seiten gebacken. Dann gibt man das Flädle zur Auskühlung auf ein Brett. Zwischenzeitlich bereitet man die Füllung, indem man das Brät mit dem Rahm gut abrührt und anschließend das Ei und alle Gewürze sowie Zitronenschale und kleingehackte Petersilie hinzugibt. Man schmeckt mit Salz, Pfeffer, Muskat und einer Prise Zucker ab. Die Füllung wird dann 3 mm stark auf die Flädle gestrichen und zusammengerollt. Nach ½ Stunde ist das Brät so weit abgetrocknet, daß man die Brätstrudel in 4–5 cm Länge schneiden kann. Man gibt sie dann in die heiße Fleischbrühe zum Ziehen. Aufkochen vermeiden.

Lungenknödel

250 g gekochte Lunge, 4–5 EL Grieß, 1 Ei, 1 kg gekochte, geriebene Kartoffel, 1 Zwiebel, 1 Sträußchen Petersilie, 1–2 Semmel, Salz und Pfeffer nach Belieben.

Die feinstverwiegte Lunge wird mit den eingeweichten und ausgepreßten Semmeln, den feingehackten und angedünsteten Zwiebeln sowie den übrigen Zutaten vermengt, durch Beigabe von etwas Mehl verfestigt. Man formt runde Knödel und läßt sie 15 Min. in kochendem Salzwasser sieden.

Man reicht sie als Suppeneinlage oder als Hauptgericht mit überschmälzten, gerösteten Semmelbröseln zu Kraut oder Gemüse.

Leberknödel

4 geschnittene alte Semmel, 1 feingeschnittener Zwiebel, 150 g durchgetriebene Leber, nach Belieben auch etwas geschabte Milz, 2 EL Majoran, 2 Eier, 1/8 l Milch, Salz und Pfeffer, Muskatnuß gerieben, 1 Büschel Petersilie, etwas geriebene Zitronenschale, etwas Butter zum Andünsten.

Die geschnittenen Semmel werden mit lauwarmer Milch eingeweicht. Der feingeschnittene Zwiebel und Petersilie werden in Butter angedünstet, mit den anderen Zutaten zu den eingeweichten Semmeln gegeben und zu einer festen Masse verarbeitet. Ist der Teig etwas zu locker, etwas Semmelbrösel beigeben. Knödel formen, in leicht sprudelndes Salzwasser geben und 25 Min. ziehen lassen. Dann in klare Fleischbrühe geben und servieren.

Leberspätzle

80–100 g Semmelbrösel, 1 feingehackter Zwiebel, 200 g feinverwiegte Leber, 2 EL Majoran, 2 Eier, 1/8 l Milch, Salz, Pfeffer, Muskatnuß nach Belieben, 1 Sträußchen Petersilie, etwas geriebene Zitronenschale, 50 g Butter.

In zerlassenem Butter werden die Zwiebel mit der feingeschnittenen Petersilie angedünstet, mit der erwärmten Milch und den anderen Zutaten mit den Semmelbröseln gut vermengt. Die Masse soll leichter sein als für Leberknödel und wird mit dem Spätzler (Spatzenhobel) in Salzwasser gehobelt. Man läßt sie in leicht kochendem Wasser ziehen, seiht sie ab und gibt sie in die Fleischbrühe.

Hirnknödel (Ries)

1 Kalbshirn, 1 Zwiebel, 1 Sträußchen Petersilie, 50 g Butter, 2 Eier, Salz nach Belieben, Semmelbrösel.

Das enthäutete Kalbshirn wird mit Zwiebel und Petersilie fein verwiegt und unter die schaumiggeschlagene Butter mit den Eiern fein gerührt. Man fügt so viel Semmelbrösel hinzu, daß ein knödelfester Teig entsteht, den man mit etwas Salz und Pfeffer nachwürzt. Die mit dem Teelöffel ausgestochenen und geformten Knödel werden kurz im Salzwasser gegart.

Hirnpflänzchen (Ries)

70 g Butter, 3 Eier, 100 g Semmelbrösel, etwas Milch, ½ abgeriebene Zitronenschale, 1 feingewiegter Zwiebel, Salz und Pfeffer nach Belieben, Butter zum Bestreichen des Bleches.

Der Butter wird mit den 3 Eigelb schaumiggerührt, und die in Milch eingeweichten und fest ausgepreßten Semmelbrösel zugefügt. Man würzt die Masse mit der Zitronenschale, Salz und Pfeffer und hebt den Eischnee aus den 3 Eiern darunter.

Auf ein mit Butter bestrichenes Blech wird die Teigmasse 8 mm dick aufgetragen und bei Mittelhitze herausgebakken. Nach dem Erkalten schneidet man kleine, viereckige Stückchen und gibt sie in die tafelfertige Suppe.

Fleischknödel (Ries)

8 gehäufte EL gewiegtes rohes Rind- oder Kalbfleisch, 4 Eier, 100 g Semmelbrösel, Salz, Pfeffer nach Belieben, 1/2 geriebene Zitronenschale, Schnittlauch, 1 Zwiebel, 4 EL heißes Schmalz.

Das feinverwiegte Fleisch wird mit Eiern, Semmelbrösel, Schnittlauch und dem heißen Schmalz vermengt. Man würzt mit Salz, Pfeffer und Zitrone und formt kleine Knödel, die man in kochendem, leichtem Salzwasser garen läßt.
Sie können in der Suppe oder zu Kraut gereicht werden.

Schinkenknödel

wie Brotknödel (s. S. 55), zusätzl. 150 g gekochter Schinken in Scheiben.
Wie bei Brotknödel, wobei der gewürfelte Schinken mit eingeknetet wird.
Wird als Suppeneinlage oder zu Kraut gereicht.

Gruibenknödel Gruiben = Grieben

1 Tasse Gruiben, 2 Eier, 2 EL Mehl, 125 g Semmelbrösel, Grünzeug, Gewürze (Pfeffer, Paprika, Mayoran).

Gruiben, Eier, die Gewürze und das Grünzeug werden zu einer geschmeidigen Masse gerührt. Dann werden Mehl und Semmelbrösel dazugegeben. Den Teig 10–15 Min. stehenlassen, die Knödel formen, ins leicht kochende Wasser legen und ziehen lassen. Anschließend in die heiße Fleischbrühe geben und servieren.

Schwedenknödel (Ries)

¾ l Milch, Semmelbrösel von 2 Semmeln, 125 g Grieß, 50 g Butter, 1 Prise Salz, etwas Weizenmehl, Backfett.

Man läßt die Milch mit Semmelbrösel, Grieß, Butter und Salz kurz aufkochen, rührt das Weizenmehl hinzu, bis ein fester Teig entsteht. Nun zieht man den Topf vom Feuer, läßt ihn abgedeckt 20 Min. ruhen.
Man bestreut das Backbrett mit Grieß, gibt den Teig darauf und formt längliche Knödel, die man im Schmalz herausbäckt.

Krautknödel

4 Semmel, ¼ l Milch, ¼ l Wasser, 30 g Schmalz, 4 große Mangoldblätter, 1 Büschel Schnittlauch, 1 Sträußchen Petersilie, etwas Zwiebelröhrle (Schnattern), 4 Eier, Salz und Muskat nach Belieben.
Zum Überbacken: 6 Eier, Salz, 100 g Butter.

Die Semmel werden in Milch mit Wasser eingeweicht, ausgepreßt und in einer Pfanne mit wenig Schmalz getrocknet. Das Grünzeug wird fein gehackt, mit 4 Eiern und den Semmeln unter Zugabe von Salz und Muskat vermengt. Man formt Knödel, die in siedendem Wasser ¼ Std. gekocht werden. Nun läßt man den Butter in der Pfanne heiß werden, gibt die Knödel hinein, übergießt sie mit den gesalzenen, verquirlten Eiern und bäckt sie langsam gelb.

Brotknödel

4 Semmel, fein gescheibt, etwas Semmelbrösel, 2 Eier, 1 Sträußchen Petersilie, fein gehackt, ⅛ l Milch, 30 g Butter, Pfeffer und Salz nach Belieben, mancherorts wird etwas Majoran dazugegeben.

Die geschnittenen Semmel werden in angewärmter Milch ½ Std. eingeweicht. Nun gibt man die übrigen Zutaten bei, vermengt alles gut und festigt bei Bedarf mit Semmelbrösel etwas nach. Die geformten Knödel werden in leicht kochendem, schwach gesalzenem Wasser 25 Min. gegart. Man reicht sie zu Soßen, Pilzen oder als Suppeneinlage.

Die Schwäbische Hochzeitssuppe

enthält wegen des feierlichen Anlasses immer mehrere Einlagen. In Mittelschwaben und dem Allgäu gehören dazu: Brätknödel, Leberknödel und Backspätzle. Im Ries kommen zu den Brätknödeln und Leberknödeln noch Grießknödel und Biskuitstreifle.
Sie gehört auch zu jedem sonstigen Festessen und dem Leichenmahl.

Musmehlmus*

1½ l Milch, 200 g Musmehl (= ein aus Weizen – früher Feesen – gemahlenes, grobes Mehl, bei dem nur ein Teil der Getreidehülsen entfernt ist), 2 Scheiben Schwarzbrot, in Würfel geschnitten, 50 g Butter.

Die Milch aufkochen lassen. Unter ständigem Rühren das Musmehl einstreuen. 10–15 Min. unter fleißigem Rühren aufkochen lassen. Beim Anrichten auf das Mus (das bereits ein Häutle bekommen hat) den zerlassenen Butter mit dem Löffel behutsam darübergießen und die Schwarzbrotwürfel drauflegen. Das Mus schmeckt am besten in der Kupferpfanne und muß eine „Schuepet" haben.

Häbernes Mus*

500 g Hafermehl (auch Weizenmehl möglich), ¼ l Wasser, 3 EL Schweineschmalz, 1 Prise Salz.

Das Hafermehl läßt man in der Pfanne etwas bräunen, löscht mit Wasser ab, gibt Salz hinein und bäckt den sämig flüssigen Teig in der eisernen Pfanne mit Schmalz unter stetem Zerstückeln heraus.

Eing'säts Mus – eingesätes Mus – Säbrei*

(Allgäu)

500 g Mehl, ½ l Wasser, Salz nach Belieben, 3–4 EL Butterschmalz zum Ausbacken, 2 EL Butterschmalz zum Überschmälzen, 1 Zwiebel.

In einer Pfanne läßt man das Butterschmalz zergehen, gibt das Mehl bei und gießt nach und nach so viel kaltes Wasser hinzu, daß ein zähflüssiger Teig entsteht, der in der Pfanne so lange gebacken wird, bis er auf der Oberfläche gegart ist. Dabei entsteht auf der Unterseite eine Kruste, die sogenannte Schuepet. Kurz vor dem Servieren wird der gehackte Zwiebel in Butterschmalz gedünstet und über das Mus verteilt.
Dazu wurde Milch getrunken.

Brennt's*

In heißes Fett wird Musmehl (Musmehl ist ein aus Weizen – früher aus Feesen gemahlenes grobes Mehl, bei dem nur ein Teil der Getreidehülsen entfernt ist) eingerührt. Nach heller Bräunung wird mit Wasser aufgegossen und das Ganze mit dem Schneebesen verrührt. Je nach Belieben wurde mit mehr oder weniger Wasser aufgegossen, um einen dicken oder dünneren Brei zu erhalten, der aufgekocht nurmehr gesalzen in der Pfanne zu Tisch gereicht wurde.

Ausgezogenes Mehlmus* (Mittelschwaben)

80 g Mehl, 1 l Milch, 120 g Zucker, 8 Eigelb, 8 Eischnee, 3 Zitronenschalen, 1 Prise Salz, 50 g Butter.

Mehl mit wenig Milch anrühren, nach und nach die restliche Milch zugeben, Zucker und Prise Salz einrühren, das Ganze aufkochen lassen. Nun zieht man den Topf vom Feuer, gibt die geriebene Zitronenschale zu und hebt vorsichtig das schaumiggerührte Eigelb mit dem festgeschlagenen Eischnee darunter.
Die noch fließende Masse gibt man in die gebutterte Auflaufform und bäckt sie 20 Min. bei mittlerer Hitze.

Käsmus – Rallenmus* (Oberallgäu)

4 gehäufte EL Mehl, 1 Ei, 1 Prise Salz, 100 g geriebenen Hartkäs, ½ l Milch und Wasser vermischt, 1 Zwiebel, 2 EL Butterschmalz.

Aus Mehl, Ei und der Prise Salz Riebele in der Schüssel anfertigen. In der Pfanne oder im Tiegel ½ l Milch aufkochen, die Riebele und den geriebenen Käs mit dem Schneebesen einrühren. Die feingeschnittenen Zwiebel in eigener Pfanne in Butterschmalz bräunen und das Mus abschmälzen. Nach Belieben pfeffern.

Rohrmus mit Äpfeln oder Gruiben (Ries)

200 g Mehl, 2 Eier, ⅛ l Milch etwa, 1 Prise Salz, 50 g Schweineschmalz, Äpfel oder Gruiben.

Man fertigt einen Pfannkuchenteig, gibt ihn in eine gefettete Kastenform, legt geschnittene Äpfel oder Gruiben darüber und bäckt das Ganze.
Bei Auflage von Obst wird Zucker, bei Belegen mit Gruiben Salz vor dem Servieren aufgestreut.

Holdermus I (Mittelschwaben)

500 g Holder ohne Staudenansatz, 300 g säuerliche Äpfel, Zucker nach Belieben, 1 Prise Salz, 1 Stückchen Zitronenschale, ⅛ l Milch, 50 g Butter, 1 gehäufter TL Mehl

Der abgebeerlte Holder wird mit den geschälten und gescheibten Äpfeln in Milch unter Zugabe von Salz und Zucker sowie Butter leicht gedünstet. Man verquirlt etwas Milch mit Mehl und rührt dieses sogenannte Zwerle unter und läßt das Ganze nochmals kurz aufwallen.

Mancherorts kennt man dazu frischgekochte Kartoffel, die mit dem Löffel aus der Schale gegessen werden.

Holdermus II (Allgäu)

500 g Holder ohne Staudenansatz, Zucker nach Belieben, 1 Prise Salz, ⅛ l Milch, 50 g Butter, 1 EL Mehl.

Den abgebeerlten Holder in der Pfanne mit wenig Wasser „verschnellen" lassen. Nun entweder mit einer Butterschwitze aufrühren – oder ein Milch- und Mehlzwerle einrühren. Unter dauerndem Rühren gut aufkochen lassen. Einen Löffel Honig beigeben. Wenn das Holdermus mit dem Mehlzwerle gemacht wird, dann mit heißem Butterschmalz abschmälzen.

Mancherorts werden noch abgeröstete Brotwürfel daraufgegeben. Das Holdermus kommt in der Kupferpfanne auf den Tisch!

Reibmus* (Allgäu)

¾ l Milch, 150 g Semmelbrösel (Reibmehl), 100 g Weinbeerle (Zibeben), 50 g Butter, 2 EL Honig, Salz, Zucker.

In einem Topf läßt man die Milch zum Kochen kommen, sät nach und nach das Reibmehl ein, bis das Ganze sämig wird. Zuletzt die Weinbeerle daruntermengen, nochmals aufkochen lassen, mit Salz und Zucker abschmecken und mit zerlassenem Butter überschmälzen. Darüber gibt man 2 EL warmen Honig.

G'schmälztes Apfelmus*

Im Wasser gedünstete Äpfel werden mit einem Mehlteigle (Zwerle) eingedickt. Zusätzlich werden Semmelbrösel eingerührt und das Ganze kurz aufgekocht. Zwischenzeitlich werden Semmelbrösel in heißem Butter gebräunt, mit dem man samt den Bröseln das Apfelmus überschmälzt, so daß es „pfutzget".

Bodebire-, Erdäpfel-, Kartoffelmus

6–8 Kartoffel, ¼ l Milch, 1 EL Mehl, Gruiben oder Semmelbrösel.

Die Kartoffel werden geschält, gekocht und zu Brei zerdrückt. Sodann in die Muspfanne gegeben und unter fleißigem Rühren mit Milch aufgekocht. Aus Mehl und Wasser ein Zwerle herstellen und darunterrühren. Vor dem Servieren, am besten in der Kupferpfanne, mit Gruiben oder abgerösteten Semmelbröseln bestreuen.

Grundstock:
Braune Einbrenne – Braune Brühe

60 g Fett, 2 EL Mehl, ½ l Wasser (oder Würfelbrühe), Lorbeerblatt.

Das Mehl im Fett unter ständigem Rühren braunrösten, aufgießen und aufkochen lassen. Die jeweiligen Einlagen zuletzt dazugeben.

Spatzen in brauner Brühe

Man bereitet die Spatzen wie für Kässpatzen (s. S. 67) und gibt sie in die braune Brühe.
Dazu wird grüner Salat gereicht.

Gebackene Eier in brauner Brühe*
Bachene Oier in der braune Bria

4 Eier, Pfannkuchenteig (s. S. 43), Backfett.
Süßsaure Soße: 150 g Fett, 150 g Mehl, Salz, Zucker, Pfeffer und Essig nach Belieben.

Die Eier werden wachsweich gargekocht und geschält. Nun taucht man sie in Pfannkuchenteig und läßt sie im Fett schwimmend goldgelb backen und wiederholt dies ein zweites Mal. Zwischenzeitlich läßt man das Mehl im leicht gebutterten Kar bräunen, gibt das restliche Fett zu, bis es aufschäumt und rührt so viel Wasser ein, daß eine sämige Soße entsteht, die man mit Salz, Zucker, Pfeffer und etwas Essig nach Belieben würzt.
Die Eier werden in dieser Brühe gereicht.

Braune Bohnen*

500 g Schnittbohnen, etwas Salz, 2 EL Mehl, 50 g Fett, etwas Wasser, 1 Zwiebel mit 2 eingesteckten Nelken, 1 Lorbeerblatt, Essig nach Belieben, etwas Zucker.

Man läßt in der Bratraine das Fett langsam zergehen, rührt das Mehl ein, bis dieses eine ziemlich dunkelbraune Farbe annimmt. Sodann wird mit Wasser oder Fleischbrühe aufgegossen, so daß eine sämige Soße entsteht. Dieser fügt man Salz, den ganzen Zwiebel mit den Nelken, dem Lorbeerblatt und dem Zucker hinzu und läßt das Ganze 20 Min. langsam kochen. Zwischenzeitlich werden die in schiefe Streifen geschnittenen Bohnen in leichtem Salzwasser nicht zu weich gegart, entnommen und abgeseiht. Nun gibt man die Bohnen in die braune Soße und läßt sie dort etwas nachziehen.
Dazu sind Dampfnudeln sehr beliebt.

Falsches Voressen oder: Lutherisches Voressen (Westerheim)

Darunter versteht man geschnittene Flädle (Pfannkuchen) in brauner, süßsaurer Soße, wie bei Voressen (s. S. 125).

SPÄTZLE

Grundstock: Knöpfle- oder Spätzleteig

500 g Mehl, 5 Eier, 1 Tasse Wasser, Salz.

Das Mehl wird mit Eiern, Wasser und Salz zu einem glatten Teig gerührt. Durch den Spatzenhobel wird je ein Teil des Teiges ins kochende Wasser gedrückt. Nach dem Aufkochen kommen die Spätzle hoch, werden mit einem Schaumlöffel aus dem Wasser genommen und im warmen Wasser geschwenkt.
Früher wurde der Spätzleteig durch den dreifüßigen Seiher ins Wasser gerührt. So entstanden die „Knöpfle". Man kennt auch die – mehr im Württembergischen beheimateten – vom Brett ins Wasser geschabten Spätzle, die dann nicht runde Knöpfle werden, sondern eine längliche Form bekommen, wie auch aus der Spätzlepresse.

Kässpätzle

500 g Mehl, 6–8 Eier, etwas Wasser, Salz nach Belieben, 200 g Emmentaler (möglichst alt und trocken, gerieben), 60 g Butterschmalz, 1 Zwiebel, nach Gegend: 50 g Backsteiner.

Aus Mehl, Eier und etwas Wasser mit Salz wird ein sämiger, zähflüssiger Teig angerührt und mit dem Spatzenhobel in sprudelndes Salzwasser gehobelt. Beim ersten Aufwallen sind die Spätzle gegart und werden mit dem Schaumlöffel entnommen. Dann werden sie in 2 cm starke Lagen in eine vorgewärmte Schüssel gegeben, wobei man zwischen die einzelnen Lagen den geriebenen Käs reichlich streut. Damit der Käs zerfließen kann, läßt man die abgedeckte Schüssel einige Minuten im Wärmfach stehen. Man gießt vor dem Servieren abgebräunte Zwiebel darüber.
Erfahrene Allgäuer Köchinnen spritzen vor dem Übergießen mit Fett und Zwiebeln 1 EL Essig über die fertige Spätzleschüssel.

Krautspatzen

Zutaten und Zubereitung wie bei den Kässpatzen, nur anstelle von Käs gekochtes Sauerkraut. Mit gebräunten Zwiebeln und Pfeffer abschmecken.

Äpfelspatzen

Die Spatzen werden zubereitet wie S. 66. Die mit kaltem Wasser abgeseihten Spätzle werden mit Butter angeröstet, in ein Kar gegeben, mit geschälten, geschnitzelten Äpfeln bestreut und abgedeckt gedünstet. Nach Garung der Äpfel wird das Gericht mit oder ohne Zucker bestreut serviert.

Grundstock: Nudelteig

400 g Mehl, 2 Eier, ⅛ l Wasser.

Mehl, Eier (nur wenn man die Nudeln fester wünscht) und Wasser werden mit den Händen zu einem festen Teig verarbeitet, bis er nicht mehr an den Handflächen und dem Nudelbrett klebenbleibt. Den Teig in zwei oder drei Laibe formen und nochmals glattkneten, danach 20–30 Min. ruhenlassen und auf dem mit Mehl bestreuten Nudelbrett ausrollen. Jetzt entweder mit dem Messer beliebig breite Nudeln schneiden oder mit der Hand „schupfen“.

Krautkrapfen

Teig: 500 g Mehl, Salz, 2 Eier, 4 EL Wasser.
Einlage: 200 g roher Bauchspeck, 500 g Sauerkraut, 2 Zwiebel, 40 g Fett, etwas Salz.

Das Mehl mit Salz, Eier und Wasser zu einem Nudelteig verkneten. Der Teig wird in mehrere Stücke zerteilt, ganz dünn ausgewalgt und in 5 cm breite Streifen geschnitten.
Zwischenzeitlich bereitet man die Fülle, indem man die Zwiebel feinhackt, mit dem Sauerkraut und dem gewürfelten, durchwachsenen Bauchspeck vermengt. Diese Fülle trägt man nun auf die Teigstreifen auf und rollt sie zusammen. In einem flachen Topf läßt man Schmalz zergehen und stellt die Krautkrapfen aufrecht dicht nebeneinander, deckt den Topf zu und läßt das Ganze ½ Std. bei leichter Hitze dünsten. Das Gericht soll im Topf serviert werden.
So werden die Krautkrapfen in Mittelschwaben und im Allgäu hergestellt. Im Unterland wird der Teig ausgewalgt, in Vierecke geschnitten, mit der Füllung belegt, überlappt und liegend gedünstet.

Baunzen

200 g Mehl, 4–5 am Vortag gekochte Kartoffel, Salz, Butterfett.

Kartoffel durch den Fleischwolf drehen, mit dem Mehl zusammen zu einem festen Nudelteig kneten, fingerdicke Nudeln rollen. Ins kochende Salzwasser geben, einmal aufkochen lassen, abgießen, in Butterfett rösten, vielleicht sogar ein Ei darübergeben.

Krautbaunzen

500 g rohes Sauerkraut, 330 g Weizenmehl, 1 gestr. TL Salz, etwas Pfeffer, 70 g Schweineschmalz zum Ausbakken.

Auf einem Brett wird unter Hinzugabe von Salz und Pfeffer das Mehl mit dem Kraut vermengt und fein verknetet. Man sticht kleine Stückchen davon ab und walgt sie zwischen den gemehlten Händen zu kleinen Nudeln mit 8–10 mm Stärke und 40–60 mm Länge. Man läßt sie auf dem gemehlten Brett 1 Std. ruhen, gibt sie dann in sprudelndes leichtes Salzwasser und läßt sie 15–20 Min. kochen. Dann werden die Baunzen aus dem Wasser genommen und in heißem Fett in einer möglichst breiten Pfanne von allen Seiten gelb bis braun angebraten und sofort heiß serviert.

Haarnudeln

Die Herstellung der Haarnudeln erfolgt wie die der Krautbaunzen, jedoch wird dem Teig noch Kümmel beigegeben.

Krautfüchse (Allgäu)

Die Zubereitung erfolgt wie bei Krautbaunzen, doch wird das Sauerkraut hierfür zuvor ¼ Std. aufgekocht, durchgepreßt und erst dann dem Teig zugegeben.

Flutten – Pfluttennudle* (Allgäu)

1 Tasse Mehl, 1 EL Salz, 2 l Wasser, 1 EL Schmalz.

In das kochende Salzwasser wird unter stetem Rühren mit dem *Küchlespieß* (eine lange, gezinkte Gabel) das Mehl nach und nach eingerührt. Die entstehenden Teigflocken werden unter kaltem Wasser abgeseiht und in heißem Fett geröstet.
Dazu wurden Kompotte oder ähnliches gereicht.

Kaltsaure Nudle

Teig: 200 g Mehl, etwas Salz, 1 Ei, 1 EL Wasser.
Marinade: würziger Weinessig, etwas Öl, Salz und Pfeffer nach Belieben, Schnittlauch.

Man bereitet einen Nudelteig (s. S. 68), schneidet denselben, 8–10 cm breit, und gart die Nudeln 10–15 Min. in leicht kochendem Salzwasser. Man seiht sie unter kaltem Wasser ab, legt sie in die Marinade aus Essig, Öl, Salz und Pfeffer und bestreut das Ganze mit geschnittenem Schnittlauch. Natürlich können ersatzweise auch fertige Nudeln Verwendung finden.

Schupfnudle

500 g Mehl, 1 Prise Salz, 350 g Wasser (keine Eier! – da die Nudeln sonst zu hart auskochen!).

Das Mehl mit Salz und Wasser auf dem Backbrett kräftig durchkneten und in kleine Stückchen schneiden. Diese werden mit der Hand auf dem gemehlten Brett „geschupft“ und abgelegt. Man läßt sie dort 1 Std. ruhen, kocht sie dann 5 Min. im Salzwasser.

Es ist zu beachten: Das Wasser schäumt gern über!

Wenn die Schupfnudeln gar sind, werden sie unter kaltem Wasser abgeschwenkt und in einer gefetteten Pfanne meistens mit Schweineschmalz, am besten aber mit Siedere (= der Abschaum beim Auslassen von Butter zu Butterschmalz) kurz gebraten, so daß sie leicht glänzend werden.

Hiezu sind als Beispeise beliebt: Kompotte und Salate, je nach Jahreszeit.

Schleifernudle – G'schupfte Nudle in der Schleiferbrühe

Zubereitung der Schupfnudeln wie S. 72 beschrieben.
Die in leichtem Salzwasser gekochten Nudeln gibt man in eine gut gebutterte Raine und gießt die sogenannte Schleiferbrühe auf.
Sie wird zubereitet aus 1 Tasse Sudwasser mit 1 TL eingerührtem Mehl, 1 Prise Salz.
Nun läßt man unter öfterem Wenden die Schupfnudeln in der Schleiferbrühe nur kurz aufkochen und serviert sie sofort.
(„Schleiferbrühe“ genannt nach der trüben Brühe, die am Schleifstein entsteht.)

G'schupfte Nudle mit Kraut

300 g Mehl, 2 Eier, Salz, 1 Tasse lauwarmes Wasser, Sauerkraut.

Aus den Zutaten einen Nudelteig herstellen, kleine Stückle abschneiden und zu Nudeln „schupfen“ (mit dem Handballen zu Würstchen formen). Ins kochende Salzwasser geben, aufkochen lassen, abgießen, überbrausen, in Butterschmalz zusammen mit Sauerkraut rösten.

Nackede Mariele – Nackede Schupfnudle

(Westerheim)

200 g Mehl, 4 gekochte Kartoffel, Salz nach Belieben, 50 g Butter, 100 g Butter zum Dämpfen, Zucker und Zimt nach Belieben.

Aus Mehl, den feingeriebenen Kartoffeln, unter Zugabe von Salz und Butter, wird ein Teig geknetet. Davon formt man daumengroße Nudeln, welche in der Butterschwenke gedämpft werden.
Man bestreut sie nach Bedarf mit Zucker und Zimt und reicht sie zu Apfelmus.

Krautnudle in der „Schüssel"

250 g Mehl, 2 Eier, ⅛ l warmes Wasser, Salz, 1 Zwiebel, 100 g Butter.

Nudelteig herstellen. Nudeln am besten mit der Hand rollen, abkochen. Mit gekochtem Sauerkraut auf einer Platte vermengen (nicht rösten). Mit Pfeffer abschmecken. In Butter gebräunte Zwiebel mit reichlich Butter übergießen.

Gedämpfte Kartoffelnudle*

500 g Kartoffel, 100 g Schmalz, ⅛ l Wasser oder Fleischbrühe, 250 g Mehl, 1 Prise Salz, 175 g Wasser.

Zunächst fertigt man Schupfnudeln, s. S. 72.
Zwischenzeitlich werden die Kartoffel gewürfelt und in einem Topf mit 100 g Schmalz, ⅛ l Wasser oder Fleischbrühe 10 Min. vorgedünstet. Dem fügt man die gemehlten Schupfnudeln hinzu und läßt das Ganze weitere 10 Min. leicht dünsten. Man schmeckt alles mit Salz und Pfeffer ab und überschmälzt.

Ziegernudle* (Allgäu)

200 g Mehl, 750 g ausgepreßten trockenen Zieger (Topfen-Quark), 1 Ei, nach Belieben 1 EL saurer Rahm, 1 EL Kümmel.

Das Mehl wird mit dem Zieger, dem Ei sowie Sauerrahm auf dem Backbrett zu einem festen Teig geknetet, zu daumendicken Nudeln geformt und auf Daumenlänge zugeschnitten. Man bäckt sie in der Pfanne goldbraun heraus und reicht sie zu Kraut oder Salat.

Topfennudle – Quarknudle (Ries)

500 g Kartoffel, 1 Ei, 200 g Quark (Topfen), Mehl nach Erfordernis (je nach Feuchtigkeit von Kartoffel und Topfen), Salz nach Belieben, 100 g Butterschmalz.

Die gekochten, geschälten Kartoffel werden heiß gerieben sowie mit Mehl, Topfen und Salz zu einem festen Teig geknetet. Auf einem gemehlten Brett werden Stangen von 2 cm Durchmesser gewalgt und davon 6–7 cm lange Stücke geschnitten.
Die Topfennudeln werden bei mäßiger Hitze in der abgedeckten Pfanne von allen Seiten goldgelb gebraten und zu frischem, gewürztem Quark gereicht.

Ofeschettele* (Westerheim)

250 g Mehl, 1 Prise Salz, 2 Eier und 2 Eischalen Wasser, 100 g Butter oder Schweineschmalz, 1 Büschel Schnittlauch.

Man fertigt einen gekneteten Nudelteig, den man fein auswalgt und 2 Std. liegenläßt. Sodann schneidet man daraus Flecken von 5 × 7 cm, die man in Fleischbrühe unter Zugabe von Butter gardünstet und mit etwas Schnittlauch bestreut zu Tisch reicht.

Dampfnudle

500 g Mehl, ¼ l Milch, 40 g Hefe, 1 Prise Salz, 150 g Butter (am besten Butterschmalz), 1–2 Eier.

In etwas vorgewärmter Milch wird die Hefe aufgelöst und man fertigt den Vorteig, indem man dieses Gemisch in die Mitte des Mehles gibt, und dort ½ Std. ruhenläßt. Sodann gibt man die restliche Milch und das Salz hinzu und knetet es kräftig. Dann schlägt man den Teig, bis er Blasen wirft, und läßt ihn an einer warmen Stelle 1 Std. abgedeckt gehen. Man sticht vom Teig faustgroße Stücke ab und läßt auch diese noch 15 Min. auf dem bemehlten Brett liegen, um ein Nachtreiben zu ermöglichen.
Sodann läßt man im Topf das Fett zergehen und gießt auf 2 cm Höhe warmes Salzwasser auf. Nun legt man die Teigstücke im Topf dicht nebeneinander, verschließt ihn mit dem Deckel und dichtet zusätzlich mit feuchten Tüchern zwischen Deckel und Topf ab, um das Entweichen des Dampfes zu verhindern. Das Ausbacken erfolgt bei schwacher Hitze, so daß nach 20 Min. die Dampfnudeln fertig sind und unten die begehrte Kruste, die Schuepet aufweisen.
Dampfnudeln werden sauer mit Kraut – oder süß mit Kompott oder Vanillesoße gereicht.

Dampfnudle in der Schleiferbrühe

Hier gilt dieselbe Herstellung wie bei den Dampfnudeln. Jedoch werden die Teigstücke, bevor sie in den Topf gesetzt werden, auf der Unterseite gründlich mit Mehl bestäubt.

Dieses Mehl verkocht sich und gibt mit dem Wasser und Fett eine weißliche Soße, die Schleifersoße genannt wird. (Herkunft dieser Bezeichnung s. S. 73.)

KRATZET

Kratzet, Mehlkratzet, Duranand

300 g Mehl, 4 Eier, ¼ l Milch, 1 Prise Salz, etwas Zucker, 50 g Butter.

Aus den Zutaten einen Pfannkuchenteig herstellen, in der leicht gefetteten Pfanne bei mittlerer Hitze auf beiden Seiten backen, wobei man mit der Backschaufel mehrmals den gebackenen Fladen zerkleinert und in eine andere Pfanne gibt. Zuletzt wird das Ganze nochmal in Butter leicht geröstet. Vor dem Servieren wird mit Zucker überstreut. Dazu wird Kompott gereicht.
Kratzet, ungezuckert, ist auch als Beispeise zu Fleischgerichten mit Soße beliebt.

Gedämpftes Kratzet* (Westerheim)

I: Verbliebenes Kratzet wird in einer Brühe von Wasser, Fett und Salz angedünstet.
II: Von vorrätigen Flädle werden kratzetähnliche Stücke gefertigt und in oben angeführter Brühe angedünstet.
Man kann beidem Gruiben oder Speckwürfel beifügen, immer aber Schnittlauch.

Äpfelkratzet (Allgäu)

250 g Mehl, 3–4 Eier, 3/8 l Milch, 1 Prise Salz, Zucker nach Belieben, 3 Äpfel, 100 g Butter, Zucker zum Bestreuen.

Mit Mehl, den Eiern und Milch unter Zugabe von Zucker und Salz wird ein Teig angerührt. Nun werden die geschälten und geschnitzelten Äpfel in der Pfanne in etwas Butter angedünstet und mit dem Teig übergossen, unter ständigem Verrühren mit der Backschaufel so lange gebakken, bis das Kratzet auf allen Seiten gebräunt ist.
Zum Servieren wird mit Zucker bestreut.

Kartoffelkratzet – Kartoffelschmarren*

500 g gekochte Kartoffel, 2 Eier, 1 EL saurer Rahm oder Milch, 3 EL Mehl, 1 Prise Salz, 1 EL Zucker, 100 g Schmalz.

Die geschälten und geriebenen Kartoffel werden mit den übrigen Zutaten zu einem sämigen Brei vermengt und im heißen Fett in einer Pfanne gebacken.
Dazu wurde bevorzugt Rhabarber gereicht.

Semmelkratzet – Semmelschmarren

4 Semmel (Batzenstiegen oder Zopfbrotschnitten, immer altbacken), 3 Eier, ¼ l Milch, 100 g Weinbeeren oder Rosinen, 60 g Butter.

Die Eier werden mit der lauwarmen Milch verquirlt und über die feingeschnittenen Semmel mit Weinbeeren gegeben. Man läßt die Flüssigkeit einziehen, röstet in reichlich Butter ab und bestreut mit Zucker und Zimt.
Dazu wird Apfelkompott gereicht.

Holderschmarren (Ries)

500 g Holunderbeeren, entstielt, 250 g geschälte, gescheibte Birnen, 250 g entsteinte, vollreife Zwetschgen, halbiert, 150 g Schwarz- oder Weißbrot ohne Rinde, fein gescheibt, ½ l Milch, 50 g Butter, 1 Prise Salz, Zucker und Zimt nach Belieben, 2–3 TL Mehl, Saft von ¼ Zitrone.

Das Obst wird in Butter kurz angedünstet. Das Mehl wird mit etwas Milch angerührt, dazugegeben und mit der restlichen Milch aufgegossen. Man gibt die Brotscheiben dazu und läßt das Ganze so lange kochen, bis die Zwetschgen weich sind. Nun würzt man ab mit Salz, Zucker, Zimt und Zitronensaft.

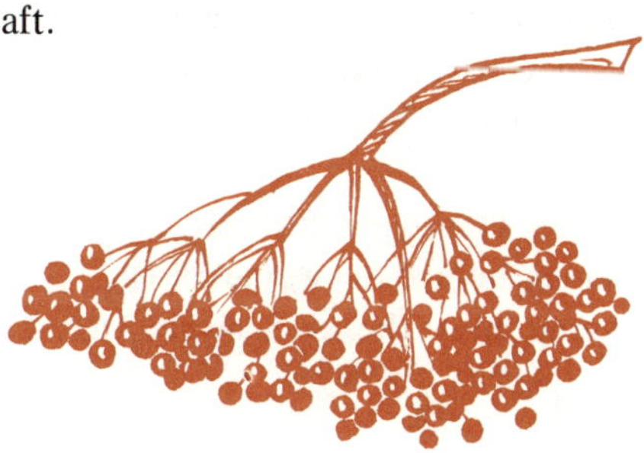

BODEBIRE' TEIG

Kartoffelloibla die schwäbischen „Croquettes“

500 g Kartoffel, 1 Ei, 2–3 EL Süßrahm, etwas Mehl, 1 Prise Zucker, Salz und Pfeffer nach Belieben, 125 g Schweinefett oder Butter.

Die frischgekochten, geschälten Kartoffel werden noch heiß sehr fein zerrieben und unter Zugabe des Süßrahms mit Ei und Mehl zu einem Teig geknetet, den man ½ Std. ruhenläßt. Man walgt ihn dann auf einem gemehlten Brett fingerdick aus und sticht mit einem Glas runde Plätzchen, die im zerlassenen Fett bei starker Hitze beidseitig goldgelb gebraten werden.
Man reicht sie als Hauptgericht zu Kompotten, aber auch als Beilage zu gebratenem Schweinefleisch.
In Ungarn kennt man dieses Schwabengericht als Burgonyalángos.

Rahm-Fleckle (Ries)

5 geriebene, gekochte Kartoffel, 5–6 EL Mehl, 1 Ei, 1 Prise Salz, 1/8 l Süß- oder Sauerrahm, einige säuerliche Äpfel, 80 g Butter.

Die geriebenen Kartoffel werden mit Mehl, Ei und einer Prise Salz zu einem Teig geknetet. Auf 5 mm Stärke ausgewalgt, gibt man ihn in die gefettete Pfanne, bestreicht die Oberfläche mit Rahm, belegt sie mit den geschälten und geschnitzelten Äpfeln und bäckt den Teig bei Mittelhitze aus.

Es werden Vierecke abgestochen, mit Rahm übergossen und heiß serviert.

Kartoffelknödel

Darunter versteht man die Zubereitung aus gekochten Kartoffeln, wie sie in Schwaben üblich war. Die rohen Kartoffelklöse, wie sie früher nur in Altbayern gekocht wurden, fanden in Schwaben erst sehr spät ihre Köche.

200 g geriebene Kartoffel, 30 g Semmelbrösel, 1 Ei, 30 g Butter, Salz und Pfeffer nach Belieben.

Der Butter wird mit dem Ei schaumiggerührt und mit den geriebenen, kalten, gekochten Kartoffeln samt Semmelbrösel und Zugabe von Salz und Pfeffer geknetet. Statt der Semmelbrösel kann man je nach Wassergehalt der Kartoffel auch Mehl verwenden, so daß ein weder zu fester noch zu lockerer Teig entsteht.

Es werden Knödel geformt und in leicht ziehendem Salzwasser 15 Min. gekocht.

Sie werden sofort heiß serviert.

Diese Knödel sind auch beliebt als Hauptgericht in brauner Brühe.

Apfelstrudel

Teig: 200 g Mehl, 50 g Butter, 1 Ei, 1 Prise Salz, 4 EL warmes Wasser.
Füllung: 100 g Butter; ⅛ l möglichst dicker Süß- oder Sauerrahm, 1 Tasse Weinbeeren, 1 kg Äpfel, Zucker und Zimt nach Belieben.
Ausbacken: 100 g Butter, ½ l Milch.

Die Zutaten knetet man zu einem nicht zu festen Teig, bis er sich von Hand und Brett löst und Blasen wirft. Nun läßt man den außen etwas mit Wasser befeuchteten, abgedeckten Teig in einer gemehlten Schüssel 1 Std. ruhen. Auf gemehltem Backbrett wird er dann hauchdünn ausgewalgt und auf mehlbestäubtem Tuch ausgezogen. Man bestreicht die Oberfläche mit zerlassenem Butter und dem Rahm, gibt die dünngescheibten Äpfel mit Zucker und Zimt samt den gewaschenen Weinbeeren darüber. Nun hebt man auf einer Seite vorsichtig das Tuch hoch, so daß sich der Teig einrollt. Man läßt in der Bratraine den Butter in der Milch zergehen, die Flüssigkeit soll etwa fingerdick hoch sein. Man setzt darin einen Strudel neben den anderen und bäckt sie unter öfterem Begießen mit Milch heraus.
Backzeit etwa 40 Min.

Bodebire-, Erdbire-, Erdäpfel-, Kartoffelstrudel (Ries)

750 g gekochte, geriebene Kartoffel, 6–8 EL Mehl, 1 Prise Salz, 70 g zerlassener Butter, 1 Ei, 1 Portion Hefe oder 1 Messerspitze Backpulver, etwas Semmelbrösel, Zucker und Zimt nach Belieben, einige säuerliche, gescheibte Äpfel, 80 g Butter (zum Ausstreichen der Pfanne).

Die geriebenen Kartoffel werden mit dem zerlassenen Butter, dem Mehl mit Hefe oder Backpulver unter Beigabe von Ei und Salz zu einem Teig geknetet. Nun walgt man den Teig auf einem mit Semmelbrösel bestreuten Tuch aus und breitet darüber die gescheibten Äpfel mit Zucker und Zimt. Übereinandergelegt gibt man den Strudel in das gefettete Kar, bestreicht die Oberfläche ebenfalls mit Butter und bäckt ihn von beiden Seiten goldgelb.

Rahmstrudel (Ries)

200 g Mehl, 2 Eier, ⅛ l Milch, 100 g Butter, 1 Tasse Weinbeeren, Zucker und Zimt nach Belieben, 3 säuerliche Äpfel, kleingescheibt, ⅛ l Süßrahm, 1 Ei.

Man bäckt aus Mehl, Milch und Eiern Flädle, läßt sie erkalten und schneidet sie in dünne Streifen. Eine Backform wird gut gebuttert, dann streut man fingerdick Flädle ein, gibt darüber 1 Lage Äpfel mit Zucker und Zimt und gewaschene Weinbeeren, darauf wieder Flädle usw. Zuletzt verquirlt man den Rahm mit dem Ei und übergießt damit den Strudel, der nun bei mäßiger Hitze gebacken wird.

Scheiterhaufen

6 Semmel- oder Weißbrotschnitten, 4 El Zucker, 3–4 Eier, 1 geh. TL Zimt, 125 g Weinbeeren und Sultaninen, ¼ l Milch, 1 Prise Salz, 75 g Butter.

Die Milch wird mit den Eiern, Zimt und Zucker verquirlt, man schneidet die Semmel in 5–7 mm starke Scheiben, taucht sie in die Flüssigkeit und legt sie in der gebutterten Backform schichtweise aufeinander, wobei man zwischen jede Schicht Sultaninen und Weinbeeren streut.
Sollte etwas Flüssigkeit übrigbleiben, beträufelt man damit die Semmelschnitten. Außerdem bestreut man die Oberfläche mit Butterflocken.
Damit die Oberfläche nicht austrocknet, empfiehlt es sich, eine Alu-Folie angepreßt darüberzugeben.
Backzeit etwa 30 Min. bei ca. 175 Grad.

Kuchenmichel

250 g Mehl, 3 Eier, 400 g Milch, 50 g Butter (zum Ausbacken), 1 Prise Salz, nach Belieben 20 g Zucker, 150 g Äpfel oder Kirschen (Äpfel geschnitzelt). (Bei Verwendung von Kirschen muß der Zuckeranteil um 40 g erhöht werden.)

Mit den Zutaten rührt man einen dicken Pfannkuchenteig an, dem nach Fertigstellung das etwas abgetrocknete Obst zugegeben und leicht unterhoben wird. In einem Topf mit 20–25 cm Durchmesser läßt man den Butter sehr heiß zergehen, gießt den Teig ein und bäckt den Kuchenmichel zugedeckt etwa 30 Min.

Grießauflauf

125 g Grieß, ¾ l Milch, 70 g Butter, 1 Prise Salz, 40 g Zucker, 4 Eier, 1 ganze Zitrone, ½ Tasse Zibeben (Weinbeeren), 70 g Butter, Semmelbrösel.

Unter Zugabe von Salz und Zucker läßt man bei stetem Rühren den Grieß langsam in die kochende Milch einlaufen. Nachdem noch der Butter zugerührt, soll die Masse 12 Min. quellen. Vom Feuer gezogen, rührt man die verquirlten Eigelb ein. Sobald die Masse erkaltet ist, hebt man den Eischnee unter und fügt die geriebene Zitronenschale und die Zibeben bei. In einer gebutterten, mit Bröseln bestreuten Auflaufform wird der Teig bei mittlerer Hitze 50 Min. gebacken.
Der Grießauflauf wird auf eine Platte gestürzt, in Scheiben geschnitten und heiß zu Kompott serviert.

Schmalz und Butter-Gebackenes

Apfelküchle

200 g Mehl, 3 Eier, je nach Eigröße 1–2 EL Milch, 1 Prise Salz, 4 möglichst säuerliche Äpfel, 1 Zitrone, 1 EL Zucker, 1 TL Zimt.

Man schält die Äpfel, entkernt sie und schneidet sie in 8 mm starke Scheiben, dann wendet man diese im ausgepreßten Saft der Zitrone. Sodann rührt man einen etwas festeren Pfannkuchenteig mit Mehl, Eiern, Milch und Salz an.

Nach kurzem Eintauchen der vorbehandelten Apfelscheiben in den Pfannkuchenteig erfolgt das Ausbacken im Butterschmalz.

Die Küchle werden heiß entnommen, nach dem Abtropfen nach Belieben mit dem Zimt-Zucker-Gemisch bestreut und heiß serviert.

Apfel- oder Zwetschgenknöpfle (Ries)

4 altbackene Semmel, 1 TL Mehl, 2 Eier, Zwetschgen oder Äpfel, Schmalz zum Ausbacken.

Die Semmel werden in Wasser eingeweicht und ausgepreßt, mit dem geschnittenen Obst unter Zugaben von Mehl und Eiern vermengt. Mit dem Löffel werden kleine Mengen entnommen und in Fett schwimmend herausgebacken.
Dazu reicht man grünen Salat.

Gefüllte Kräpfle

500 g Mehl, 1 Prise Salz, 40 g Hefe, 80 g Zucker, 70 g Butter, 1/8 l Milch, 2 Eier.
Füllung: 500 g getrocknete Birnen, nach Belieben 1 gestr. TL gestoßene Nelken und Zimt.

Die Zubereitung des Hefeteiges erfolgt wie bei den gezogenen Küchle. Für die Füllung werden die entsteinten und entstielten Birnen eine Nacht gewässert, abgetupft und im Mörser oder heute im Mixer vermust. Dem fügt man keinen Zucker, nur Zimt und Nelken hinzu. Sodann werden kleine Teigstücke fingerlang ausgewalgt, zugeschnitten, mit dem Birnenmus gefüllt und wie eine Röhre überlappt. Das Zusammenkleben der Teigstücke erfolgt am besten mit Eiweiß. Die so erhaltenen Kräpfle werden in Fett schwimmend goldgelb gebacken und am besten mit Zimt und Zucker bestreut und heiß serviert.

Bodebirewürscht – Erdbirawürscht – Kartoffelwürscht

500 g Mehl, 30 g Hefe, 100 g Schweineschmalz, 2 Eier, Salz nach Belieben, ¼ l Milch, 250 g Kartoffel, Ausbackfett.

Die gekochten, heißen Kartoffel werden durch die Kartoffelpresse gedrückt. Dann läßt man sie erkalten. Anschließend wird die in warmer Milch aufgeweichte Hefe mit allen anderen Zutaten beigegeben, kräftig vermengt und etwas geschlagen. Der Teig soll nun 1 Std. ruhen. Nun werden Teigrollen mit 2–3 cm gewalgt, auf 10 cm zugeschnitten und in Fett schwimmend goldbraun herausgebacken. Dazu reicht man Kraut.

Grießschnitten

125 g Grieß, ¾ l Milch, 70 g Butter, 1 Prise Salz, 40 g Zucker, 3 Eigelb, ½ Zitrone gerieben.
Zum Panieren: 2 Eier, 1 EL Zimt, 1 EL Zucker, 1 Tasse Semmelbrösel, Butter zum Ausbacken.

In der kochenden Milch läßt man Salz und Zucker zergehen. Nun rührt man nach und nach den Grieß ein und gibt die Butter und die geriebene Zitronenschale zu. Man läßt den Grieß 12 Min. quellen. Nach leichtem Abkühlen rührt man die Eigelb unter und stürzt die Masse auf ein angefeuchtetes Brett, etwa 1,5 cm glattgestrichen. Ist die Masse erkaltet, werden Vierecke in beliebiger Größe (meist 6 × 8 cm) ausgeschnitten, mit Ei und Semmelbrösel paniert und in der gebutterten Pfanne beidseits goldgelb gebacken. Noch heiß werden sie im Zimt-Zucker-Gemisch gewendet und sofort mit Kompott serviert.

Gezogene Küchle – Pfosen

500 g Mehl, 1 Prise Salz, 40 g Hefe, 80 g Zucker, 70 g Butter (oder noch besser Süßrahm), 1/8 l Milch, 2 Eier, etwas Streuzucker.

In etwas lauwarmer Milch läßt man unter Beigabe von Zucker die Hefe gehen, gibt dieses Gemisch in die Mitte des Mehles, das als Vorteig ½ Std. treiben soll. Danach wird das Salz, der restliche Zucker, Butter bzw. Süßrahm, Eier und die restliche Milch über den Vorteig gegeben, alles gut verknetet und geschlagen, bis der Teig Blasen wirft. Sodann läßt man ihn 1 Std. an einem warmen Ort mit einem Tuch abgedeckt gehen. Nun sticht man große, eiförmige Stücke ab, setzt diese nochmals auf das gemehlte Brett und läßt sie nochmals 20–30 Min. gehen. Anschließend wird der Teig unter ständigem Drehen von der Mitte her nach außen ausgezogen, so daß sich außen ein starker, fingerdicker Rand bildet, das kreisrunde Innenfeld jedoch papierdünn wird. Die Küchle werden sofort schwimmend in Fett herausgebacken, bis sie außen goldbraun und in der Mitte goldgelb sind.

Heiß mit Zucker bestreut servieren auch ungezuckert sehr beliebt.

Bollenküchle*

250 g Mehl, 3 Eier, ¼ l Milch, 1 Prise Salz, Fett zum Ausbacken.

Mehl, Eier, Milch und Salz zu einem stärkeren Flädle-Teig rühren und mit einem Löffel ins schwimmende, nicht zu heiße Fett kleine „Bollen“ geben. Auf beiden Seiten langsam backen. Auf jedes Küchle kommt ein halber TL Honig. (Sie wurden an heißen Tagen zum Mittagessen aufs Feld getragen.)

Gebackene Kräuter-Maultaschen

8 Maultaschen (s. gefüllte Kräuter-Maultaschen S. 45), 50 g Butter, 2 Eier, etwas sauren Rahm.

Die Maultaschen werden in zerlassenem Butter herausgebraten. Vor dem Servieren gibt man die verquirlten Eier dazu, läßt sie kurz mitgaren und serviert die Kräuter-Maultaschen mit etwas übergossener saurer Sahne.

G'walete Küchle* (Oberallgäu)

Wenn durch Wärmeeinfluß Süßrahm umgestanden ist, (d. h. säuerlich wurde), so hat man daraus g'walete Küchle gefertigt, indem man 250 g Mehl, etwas Zucker und Salz mit so viel sauer gewordenem Rahm vermengt, bis ein knetbarer Teig entsteht. Er wird auf dem Brett zu dünnen Fladen ausgewalgt und zu beliebigen Formen ausgeschnitten oder ausgerädelt, die in Fett schwimmend gebacken werden.

Zopfküchle oder Schnöller

500 g Mehl, 3 Eier, 80 g Zucker, ⅛ l Milch, 40 g Hefe, 1 Prise Salz.

Man stellt aus den Zutaten einen Hefeteig her wie bei den „Pfosen“ (s. S. 91). Nun werden auf dem gemehlten Nudelbrett 12–15 cm lange, daumendicke Streifen mit der Hand gerollt. Sie werden zusammengedreht (siehe Abb.) und im Fett schwimmend gebacken.
Heiß mit Zucker bestreut servieren.

Wespennester – „Wefzgeneschter"*

(Oberallgäu)

1 Ei, 2 EL Milch, 50 g Mehl, 1 Prise Salz, 10 TL flüssigen Bienenhonig, Backfett.

Das Mehl wird mit Eigelb, Milch sowie Salz und Zucker gut verrührt und mit dem Schnee aus dem Eiweiß vermengt. Nun dreht man nacheinander 5 Kochlöffelstiele aus Holz ungefähr 1–2 cm tief in den Teig und gibt sie sofort in das auf 200 Grad erhitzte Fett. Sobald der Kloß bräunt, taucht man ihn unter Drehen wieder in den Teig und dann sofort wieder in das Fett. Dieser Vorgang wird 5–6 Mal wiederholt. Der Kloß wird nach äußerer knuspriger Bräunung vom Stiel gezogen, mit Honig gefüllt und heiß mit Stoßzucker bestreut serviert. Ergibt 8 Nester als Nachtisch.

Hasenöhrle

400 g Mehl, 1 Prise Salz, 1 Ei, 1 Messerspitze Backpulver, 1 Löffel Siedere oder Butterschmalz, 1/5 l warme Milch, Zucker und Zimt nach Belieben, Fett zum Ausbacken.

Aus Mehl, Salz und Ei wird unter Zugabe der warmen Milch und der Siedere ein fester Nudelteig geknetet, den man 1 Std. ruhenläßt. Dann wird er messerrückendick auf dem gemehlten Backbrett gewalgt. Nun schneidet oder rädelt man Vierecke aus, die im Fett schwimmend goldgelb gebacken und heiß mit Zucker und Zimt bestreut serviert werden.

Pfannzelten (Allgäu)

750 g Mehl, 1 Prise Salz, 1 Ei, 1 Messerspitze Backpulver, 1 EL Siedere oder Butterschmalz, ⅕ l warme Milch, Fett zum Ausbacken.

Aus Mehl, Salz und Ei wird unter Zugabe der warmen Milch und dem Siedere ein fester Nudelteig geknetet, den man 1 Std. ruhenläßt. Dann wird er messerrückendick auf dem gemehlten Backbrett ausgewalgt. Man schneidet oder rädelt Vierecke aus, die man in heißem Fett schwimmend goldgelb ausbäckt und noch heiß serviert mit Sauerkraut oder Salat.

Salvenküchle lat. Salvia = Salbei
G'schwänzte Küchle – Mäus (Allgäu)

250 g Mehl, 1 TL Backpulver, 1 Prise Salz, 40 g Zucker, 70–100 g Milch, 2–3 Eier, frische Salbeiblätter (mit Stiel, dann geschwänzt), Streuzucker.

Aus Mehl, Backpulver, Eiern, Milch, Zucker und Salz wird ein dickflüssiger Teig hergestellt, den man etwa 1 Std. ruhenläßt. Dann werden die Salbeiblätter in den Teig getaucht, und im Fett schwimmend goldgelb gebakken, mit Zucker bestreut und serviert.

Holderküchle

200 g Mehl, 2 Eier, 1/8 l Milch, 1 leichte Prise Salz, 16 Holunderblüten mit Stiel, Zucker zum Bestreuen, 750 g Schweine- oder Backfett.

Aus Mehl, Eiern, Milch und Salz wird mit dem Schneebesen ein Pfannkuchenteig geschlagen. Die mehrmals sehr gut gewaschenen Holunderblüten werden mit Küchenkrepp abgetupft und kurz in den Teig eingetaucht und sofort in Fett schwimmend goldbraun herausgebacken. Die Holderküchle werden mit Zucker bestreut und serviert.

Nonnenfürzle (Allgäu)

125 g Mehl, 50 g Butter, 1/4 l Milch, 1 Prise Salz, 3 Eier, 1 EL Zucker, 1 Messerspitze Backpulver, Fett zum Ausbacken.

Aus Mehl, Butter und Milch wird ein Brandteig gefertigt indem man die Milch mit Salz und Butter zum Kochen bringt. Nach kurzem Aufwallen wird das Mehl im ganzen eingerührt und zwar so lange, bis der Teig sich vom Topf löst. Man nimmt ihn vom Feuer, gibt nun die Eier mit Zucker und Backpulver mit etwas Mehl vermengt hinzu und verrührt alles.
Man formt mit dem TL kleine Knödel, die schwimmend in Fett goldgelb gebacken werden.

Versoffene Jungfern I (Raum Wörishofen)

150 g Mehl, 150 g Zucker, 3 Eier, 3 EL heißes Wasser, 2 TL Backpulver, ½ Päckchen Vanillezucker oder Schale einer halben Zitrone.

Zucker und Eier schaumigrühren, dazu abwechselnd Mehl, Wasser und die übrigen Zutaten hinzugeben und möglichst schnell zusammenrühren. Mit einem Löffel kleine Stückchen ins schwimmende Fett legen und backen. Die gebackenen Stückchen werden mit heißem Most oder Wein übergossen.

Versoffene Jungfern II (Ries–Kartäusertal)

Darunter versteht man Kartäuserklöße in Rotweinsoße

Für die Klöße: S. Kartäuserklöße S. 98
Für die Soße: 3 Tassen Rotwein, 3 TL Zucker, 1 Stückchen Zitronenschale, ½ Zimtstange, 1 kleine Prise Nelkenpuder.

Die Rotweinsoße: Der Rotwein wird reduziert, indem man ihn unter Beifügung der Zimtstange und Zitronenschale etwas einkochen läßt (20 Min.) Die Zimtstange und Zitronenschale werden entfernt, mit Zucker, Nelkenpuder und nach Belieben mit etwas Zitronensaft nachgewürzt.
Die heißen Kartäuserklöße werden mit dieser Rotweinsoße übergossen als Nachtisch gereicht.

Kartäuserklöße (Ries)

4 altbackene harte Geigen (auch Semmel), 1 Ei, ¼ l Milch, 1 abgeriebene Zitronenschale, 20 g Zucker, 1 Päckchen Vanillezucker, 1 Tasse Geigen- oder Semmelbrösel, 1½ EL Wasser, Backfett, 3 EL Zucker, 1 TL Zimt.

Die altbackenen Geigen (Semmel) werden zu einem Knödel allseits abgerieben. Nun legt man die Knödel in eine Tunke aus Eigelb, Milch, geriebener Zitronenschale und Zucker, bis sie gänzlich durchfeuchtet sind. Man preßt sie vorsichtig mit der Hand aus. Das Eiweiß wird mit Wasser nun verquirlt. Darin wendet man die Knödel und paniert sie mit den Bröseln. Nun werden sie im Fett schwimmend goldgelb gebacken und im Zimt-Zucker-Gemisch gewendet.

Bubenschenkel (Ries)

500 g Mehl, ¼ l Milch, 20 g Butterschmalz, 2 Eier, 15 g Hefe, 20 g Zucker, 1 Prise Salz, 150 g Butterschmalz zum Ausbacken, ½ Tasse Zucker.

Aus den Zutaten schlägt man 10–15 Min. den Teig, ohne ihn gehenzulassen. Nun wellt man ihn 3–4 mm dick aus, schneidet Rechtecke von 2½ × 7 cm, die von der schmalen Seite aus über ⅔ der Länge eingeschnitten werden. Man bäckt sie beiderseits goldgelb in heißem Butterschmalz und bestreut sie noch heiß vor dem Servieren mit Zucker.

Sträuble (Brandteig)

125 g Mehl, 3–4 Eier, ¼ l Milch, 30 g Butter, 1 EL Zukker, 1 Prise Salz, 1½ kg Schweineschmalz (Ausbackfett), Zucker zum Bestreuen.

Butter und Milch läßt man aufkochen und rührt nach und nach das Mehl ein. Wenn sich der Teig vom Topf löst, nimmt man ihn vom Feuer, rührt Salz, Zucker und Eier hinzu und spritzt den erkalteten Teig kreisförmig auf Pergamentpapier. Nun werden die Sträuble in nicht zu heißem Fett schwimmend goldgelb gebacken, mit Zucker bestreut und serviert.

Schottennocken*

500 g Mehl, 2–3 Eier, 1 Prise Salz, 100 g Zucker, ⅛ l Milch, 1 Backpulver, 1 Schöpflöffel Schotten (= die gelblich-weißen Flocken, die bei der Zubereitung von Käs in der Molke, dem sogenannten Käswasser, anschließend noch enthalten sind), Fett zum Ausbacken.

Aus Mehl, Eiern, Salz, Zucker und Backpulver wird ein gefügiger Teig gerührt, dem man die abgeseihten Schotten, gut ausgepreßt, einrührt. Sollte der Teig etwas zu fest sein, so rührt man etwas mehr Milch ein.
Nun läßt man den Teig 1 Std. gehen, sticht mit dem Eßlöffel Teigstücke ab und gibt sie schwimmend in das Fett, wo sie goldgelb gebacken entnommen werden.

Wein- oder Mostküchle* (Allgäu)

4 Wecken (Stangensemmel – Stengel), Flädleteig (s. S. 43), Backfett, ½ l Wein oder Most, Zucker nach Belieben.

Die Wecken werden in je 4 Scheiben geschnitten, die man in Flädleteig wendet und in Fett schwimmend goldgelb herausbäckt.
Anschließend werden sie in eine Schüssel gelegt, und mit heißem, gesüßtem Wein oder Most übergossen.
Man läßt sie den Wein gut einsaugen, ehe man sie serviert.

Lebkuchenküchle* (Allgäu)

4 Lebkuchen, Flädleteig (s. S. 43), Backfett, 3 EL Zucker, 1 gehäuften TL Zimt.

Die Lebkuchen werden in kleinere Teile geschnitten, in Flädleteig getaucht und in Fett schwimmend herausgebacken.
Sobald sie goldgelbe Farbe annehmen, werden sie in dem Zimt-Zucker-Gemisch gewendet und am besten heiß serviert.

Oblatenküchle* (Probstried bei Kempten)

Zwischen 2 Oblaten mit der Größe von 6 × 10 cm wurde etwas Marmelade eingestrichen. Die Ränder wurden in einen Pfannkuchenteig getaucht und das Ganze im Fett schwimmend goldgelb ausgebacken.
Diese Oblatenküchle gab es am Funkensonntag.

Gebäck

Einfacher Hefezopf

1 kg Mehl, 60 g Hefe, 200 g Butter, 4 Eier, 1 Prise Salz, 6 EL Zucker, ½ l Milch, 1 Zitrone.
Zum Bestreichen: 1 Ei, Puderzucker.

Das Mehl wird in eine größere Schüssel gegeben, in der Mitte ein Grübchen geformt, man bereitet ein sogenanntes Dämpfle (= Hefel), indem man die Hefe mit etwas lauwarmer Milch und Zucker zergehen läßt. Man gibt dieses Dämpfle in die Mitte des Mehles und läßt es dort 30 Min. gehen. Darüber streut man das Mehl mit der Prise Salz, gibt die restliche Milch und die Eier sowie den gescheibten Butter dazu und verknetet das Ganze kräftig, bis sich der Teig von der Schüssel löst. Dann schlägt man den Teig so lange, bis er Blasen bildet. Will man zur Geschmacksverbesserung Sultaninen oder Weinbeeren

verwenden, müssen diese erst jetzt mit eingeknetet werden. Man stellt den Teig mit einem Tuch abgedeckt an einen warmen Ort und läßt ihn 1½ Std. gehen. Nach dieser Zeit wird er auf einem Brett in 3 gleiche Teile geteilt. Man macht aus jedem Teil eine Teigrolle mit 5 cm Durchmesser. Man verbindet dieselben an einem Ende und flicht den Zopf am besten gleich auf das gebutterte Backblech, bestreicht ihn mit Eigelb und bäckt ihn bei 175 Grad.
Um festzustellen, ob der Zopf fertig ist, sticht man mit einem Holzstäbchen ein. Wenn keine Teigreste am Holz haftenbleiben ist der Kranz fertig. Er wird auf das Backbrett zur Auskühlung geschoben und man bestreut ihn mit Puderzucker.
An manchen Orten Schwabens wird so auch der *Osterkranz* hergestellt, indem man den Zopf kreisrund bäckt. In die Mitte werden dann zum Weihen das Osterlamm und einige Eier gelegt.
Im Volksmund spricht man immer noch vom „Osterfladen".

Memminger Zuckerbrot

750 g Mehl, 3/8 l Milch, 30 g Hefe, 75 g Butter, 150 g Zukker, 50 g Zitronat, ½ Zitrone, 2 EL Kirschwasser, 1 Prise Salz.

Man stellt einen Hefeteig her. Nach Aufgehen des Teiges werden von Hand Kugeln geformt, die auf dem bemehlten Brett 1 cm dick ausgewellt werden. Diese so entstehenden Fladen werden zur Hälfte gefaltet und in der gebutterten Backform mit der Öffnung nach oben aneinandergereiht. Man läßt sie nochmals, abgedeckt, aufgehen. Dann schneidet man die aufgestellten Brote der Länge nach auf die halbe Tiefe ein. Man läßt sie nochmals ca. ½ Stunde gehen. Nun wird das Brot mit Eigelb bestrichen, mit Zucker bestreut und bei mittlerer Hitze 45 Min. in einer Kastenform ausgebacken.

Gugelhopf – oder Gogelhopf

Gugel = runde, spitzzulaufende Kopfbedeckung des Mittelalters

375 g Mehl, 50–60 g Zucker, 1 Ei, 1 Prise Salz, 100 g Weinbeeren, 15 g Hefe, 1/8 l Milch, geriebene Zitronenschale.

Aus den Zutaten einen glatten Hefeteig kneten. Der Teig sollte mindestens 1 Std. gehen. Dann wird er in die gefettete Gugelhopfform gegeben und im Rohr gebacken. Mit Zuckerguß oder mit Puderzucker überstreut wird er zu Kaffee gereicht.

Zelten – Hutzelbrot – Birnenbrot

Hefeteig für den Mantel: 500 g Mehl, 25 g Hefe, 1 Prise Salz, 1 Ei, Schale einer halben Zitrone.
Füllung: 50 g Orangeat, 50 g Zitronat, 350 g Dörrzwetschgen, 350 g Hutzeln (getr. Birnen), 200 g geriebene Haselnüsse, 1 Tasse Weinbeeren, 1 TL Zimt, Zucker nach Belieben, 1 TL Nelken, 1 schwache Prise Salz, 1 Gläschen Rum, $^1/_2$ Tasse ganze Haselnüsse.
Zum Bestreichen: 1 Eigelb.

Die Hefe läßt man in leichtangewärmter Hutzelbrühe 30 Minuten langsam zergehen. Zwischenzeitlich wird Mehl aufgehäufelt, mit einer schwachen Prise Salz gewürzt, in die Mitte das Eigelb gegeben, dazu die geriebene Schale einer halben Zitrone. Man fügt die Hefe hinzu und knetet das Ganze kräftig durch. Anschließend schlägt man den Teig 20 Min. und läßt ihn dann, warmgestellt und mit einem Tuch abgedeckt, gehen.
Zwischenzeitlich viertelt man die gut gewaschenen und 11 Std. im Wasser gelegenen Trockenbirnen und Dörrzwetschgen, die man gründlich abtropfen läßt. Man fügt die Weinbeeren mit dem gewürfelten Zitronat, Orangeat samt den geriebenen Nüssen und den sonstigen Zutaten zu. Sollte die Masse etwas zu weich werden, kann man noch geriebene Nüsse hinzugeben. Ist der Teig zu hart, so läßt er sich mit etwas Hutzelbrühe auflockern. Der Früchteteig wird zu einem Stollen geformt, mit dem ausgewalgten, dünnen Mantelteig eingeschlagen und auf ein gefettetes Blech gesetzt. Die Oberfläche wird mit einer Spicknadel mehrmals durchstoßen und anschließend mit Eigelb bestrichen.
Man bäckt das Hutzelbrot ca. $1^1/_2$ Std. bei schwacher Hitze.

Seelenzopf

200 g Mehl, 1/8 l Milch, 50 g Weinbeeren, geriebene Zitronenschale, 20 g Hefe, 1 Prise Salz, 1 Prise Zucker, 1 Eigelb.

Aus Milch, Ei, Mehl und den übrigen Zutaten einen Hefeteig herstellen. Den Teig bis zu einer Stunde gehenlassen. Aus dem Teig auf dem Nudelbrett drei Streifen rollen und zu einem Zopf flechten. Der Zopf wird in ein gefettetes Backblech gelegt und nochmals zum Gehen beiseite gestellt. Bevor der Zopf ins Rohr kommt, wird er mit Eigelb bestrichen. 50–60 Min. backen.

Der *Seelenzopf* wurde an Allerheiligen vom Dodle den Patenkindern und von der Großmutter den Enkeln geschenkt.

Zum Nikolaustag am 6. Dezember wurde der Teig als *Klausenmann* geformt und verschenkt.

Ofennudle – Rohrnudle

Hefeteig: 500 g Mehl, 1 Prise Salz, 40 g Hefe, 80 g Zukker, 1–2 Eier, 70 g Butter, ⅛ l Milch.
Füllung: 500 g Äpfel, Zwetschgen oder entsteinte Kirschen, Zucker nach Belieben (heute auch Vanillezucker), bei Äpfeln und Zwetschgen etwas Zimt, 400 g Butter oder Butterschmalz als Backfett.

Das Mehl wird auf ein Brett gegeben. In der Mitte ist ein Grübchen zu machen für den Vorteig. Dieser besteht aus der aufgelösten Hefe mit etwas warmer Milch angerührt und etwas Zucker. Er soll etwa ½ Std. gehen. Darüber gibt man die übrigen Zutaten wie Zucker, Eier, Salz, Butter und die restliche Milch. Alles miteinander gut verkneten und so lange schlagen, bis der Teig Blasen wirft. Man läßt ihn dann an einem warmen Ort in einer Schüssel abgedeckt 1½ Std. gehen. Man sticht Teigstücke ab, die man auf gemehltem Brett nochmals ½ Std. gehenläßt. Anschließend werden diese Teigstücke mit den Händen auseinandergezogen, mit den Früchten (aber keinesfalls gemischt!) belegt, mit Zucker, bei Äpfeln und Zwetschgen auch mit Zimt bestreut. Man klappt die Teigenden gründlich übereinander und gibt sie in das gebutterte Kar (pro Nudel 50 g Butter auf den Karboden aufgestrichen) und läßt die Ofennudeln bei mittlerer Hitze 35–40 Min. hellbraun backen. Wenn sie fertig sind, stürzt man sie zur Abkühlung auf ein Brett. Kurz vor der Abkühlung bepinselt man sie mit zerlassenem Butter.

Riebeledatsche

Teig: 500 g Mehl, 30 g Hefe, 100 g Butter, 2 Eier, 1 Prise Salz, 3 EL Zucker, 1/8 l Milch, 1/2 Zitronenschale gerieben.
Auflage: 120 g Zucker, 1 TL Zimt, 150 g Butter, 150 g Mehl, 30 g Butter zum Bestreichen des Bleches.

Man bereitet den Hefeteig und walgt ihn 8 mm stark auf ein gebuttertes Blech. Der Rand wird hochgezogen. Den Teig mit Riebele (= Streuseln) belegen und bei Mittelhitze backen. Die Riebele sollen goldgelb werden.
Riebele: Butter wird mit Zucker, Zimt und so viel Mehl verknetet, bis das Fett kaum mehr Mehl aufnimmt und der Kloß zerfällt. Die dadurch entstehenden Riebele streut man auf den Hefeteigboden.

Zwetschgendatsche

Teig: 500 g Mehl, 30 g Hefe, 100 g Butter, 2 Eier, 1 kleine Prise Salz, 3 EL Zucker, 1/8 l Milch, 1/2 Zitronenschale gerieben.
Auflage: 1,5 kg Zwetschgen, 5 EL Zucker, 1 TL Zimt, 30 g Butter fürs Blech und etwas Semmelbrösel.

Man bereitet den Hefeteig und walgt ihn fingerdick auf ein gebuttertes und mit Brösel ausgestreutes Backblech. Der Rand wird etwas hochgezogen. Die gewaschenen und entsteinten Zwetschgen werden schräg eng aneinanderliegend aufgelegt und bei Mittelhitze 40–45 Min. gebacken. Wenn der Datsche fertig ist, bestreut man ihn mit Zucker und etwas Zimt.

Apfeldatsche

Er wird wie vor beschrieben hergestellt, jedoch müssen 2 kg Äpfel für die Auflage gerechnet werden.

Kräuterfladen – Wähe

Die schwäbische „Pizza“

Teig: 250 g Mehl, 25 g Hefe, ⅛ l Milch, 1 Prise Salz, 1 Ei, 50 g Butter.
Auflage: 4–5 Büschel Zwiebelröhrle (= Schnattern), 2–3 Büschel Schnittlauch, 1 gestr. TL Muskatnuß, ⅛ l Rahm, 1 Ei, Salz nach Belieben, 150 g Butter.

Der Teig wird wie ein Hefeteig angemacht und zu Fladen von 11–15 cm Durchmesser geformt, dann von innen nach außen gezogen, so daß innen der Fladen etwas dünner und der kreisrunde Rand etwas stärker ist. Das Innenteil wird mit nachstehender Masse belegt: Das Grünzeug wird feingehackt, mit Ei und Rahm verquirlt, mit Muskat und Salz gewürzt. Bei mäßiger Hitze wird gelb herausgebacken.
Die Fladen werden heiß gegessen und zuvor mit Butterflocken bestreut.

Speckzelten oder Speckplatz (Ries)

Diese Zelten werden auf zweierlei Arten hergestellt. Gleichbleibend ist immer der Teig, unterschiedlich dagegen die Auflage.

Teig: 500 g Mehl, 1 Prise Zucker, ½ TL Salz, ¼ l Milch, 10 g Hefe, 30 g Butter.
Auflage: a) 300 g roher, geräucherter, magerer Speck, kleingewürfelt, 1 Eigelb, 1 EL Koriander, 1 EL Kümmel, 1 kleinerer Zwiebel, fein gehackt, etwas Salz, b) 2 Tassen Gruiben, 2 EL Schweineschmalz, etwas Salz.

Das Mehl gibt man mit dem Salz in eine Schüssel und formt in der Mitte ein Grübchen. Nun löst man den Zukker und die Hefe in ⅛ l lauwarmer Milch auf. Dies gießt man warm in das Grübchen, bestäubt es mit Mehl und läßt das Ganze abgedeckt an einem warmen Ort ½ Std. gehen. Sodann wird der zerlassene Butter zugegeben, der Teig kräftig geknetet und geschlagen, bis er leichte Blasen zeigt. Daraus formt man halbfingerdicke Fladen mit 12 cm Durchmesser und erhöhtem Rand. Diese Fladen bestreicht man bei
a) mit Eigelb und belegt sie mit dem gewürfelten Speck (etwas andrücken) und den übrigen Zutaten, bei
b) mit Schweineschmalz, belegt sie mit den etwas eingedrückten Gruiben und würzt mit Salz nach.
Man bäckt die Zelten bei Mittelhitze 30 Min. Sie werden heiß serviert.

Schneckennudeln (Ries)

Teig: 500 g Mehl, 200 g Milch, 2 Eier, 70 g Butter, 20 g Hefe, 1 Prise Salz, 1 Zitronenschale.
Füllung: 50 g Korinthen, 50 g Butter, 50 g Sultaninen, 50 g geriebene Mandeln, 30 g Zucker, ½ TL Zimt.

Man bereitet einen Hefeteig, s. S. 102.
Der mittelfeste Hefeteig wird auf dem gemehlten Brett 3 mm stark ausgewellt, mit zerlassenem Butter bestrichen und den übrigen Zutaten bestreut. Nun wird der Fladen eingerollt und in handbreite Stücke getrennt. Im gebutterten Kar läßt man diese 1 Std. abgedeckt an einem warmen Ort nachgehen. Man bäckt sie bei mittlerer Hitze in 30–40 Min. Die Schneckennudeln werden entweder nur mit Puderzucker bestreut, oder noch heiß mit Zuckerwasser unter Zugabe von Zitronensaft bestrichen.

Kirchweihknopf

600 g Mehl, 300 g Semmelmehl, 4 Eier, 300 g Butter oder Schweinefett, Zucker nach Belieben, 500 g Sultaninen (Zibeben), 125 g Zitronat und Orangeat, geriebene Zitronenschale, 40 g Hefe, ½ l Milch, 1 Prise Salz.

In eine Schüssel werden das Mehl und die Semmelbrösel gegeben. Man bereitet ein Dämpfle (= Hefel) aus etwas warmer Milch mit Hefe und etwas Zucker, gibt es in die Mitte des Mehls, läßt es ½ Std. gehen und gibt dann sämtliche restlichen Zutaten hinzu. Man verknetet das Ganze zu einem kräftigen Teig und schlägt ihn ¼ Std. Nun läßt man den Teig 2 Std. warmgestellt und abgedeckt gehen. Diese Masse gibt man in eine gebutterte, mit Semmelbrösel ausgestreute Form, läßt sie nochmals nachgehen und bäckt sie dann bei mäßiger bis mittlerer Hitze 1½ Std. Der Knopf wird gestürzt und nicht weiter gezuckert kalt gegessen.

Gekochtes Schweinefleisch – Kesselfleisch

Dazu eignet sich am besten der Schlegel, das Rippenstück, die Haxen oder der Bauch.

1,3 kg Fleisch, mindestens 8 Tage gelagert, 1 gelbe Rübe, ¼ Sellerieknolle, 1 Petersilienwurzel, 1 Lauch, 2 Zwiebel mit 4 gesteckten Nelken, 15 Pfefferkörner, 1 EL Koriander, 1 Lorbeerblatt, 6 Wacholderbeeren, Salz und Pfeffer nach Belieben, 1 Prise Zucker, 20–40 g Essig nach Belieben.

In einem schmalen Topf wird das Wasser mit allen gewaschenen, zerkleinerten Kräutern und Gewürzen zum Kochen gebracht. Nun legt man das Fleisch ein, so daß es vom Sud noch bedeckt ist und läßt es 2–2½ Std. kochen, bis es weich ist. Es wird heiß mit sämtlichen Gewürzzutaten serviert.
Dazu können Kartoffel gereicht werden.

Surbraten

1 kg Schweinefleisch, 2 Zwiebel, 8–10 Wacholderbeeren, 1 EL Koriander, 1 große oder zwei kleine Knoblauchzehen, geschnitten.
Zur Sur: 1 l Wasser, etwa 2 EL Salz (1 Messerspitze Salpeter – jedoch nicht unbedingt erforderlich).

Das Fleisch wird mit der geschnittenen Zwiebel, Koriander, Knoblauch und Wacholderbeeren eingerieben, dann in ein Gefäß gedrückt und mit der gekochten und wieder erkalteten Sur (nach Wunsch mit etwas Salpeter) übergossen und mit einem eingepaßten Brett und aufliegendem Stein beschwert. Das Fleisch muß 3 Wochen gesurt und dabei gewendet werden. Nach dieser Lagerung wird das Fleisch entnommen, kurz abgespült und in Schweineschmalz unter Zugabe von einem kleingeschnittenen Zwiebel, 3–4 Knoblauchzehen und etwas gelben Rüben bei mehrmaligem Wenden und Aufgießen knusprig braun gebraten. Bratzeit 1½ Std. bei 200 Grad.

Schweinebraten

1 kg Schweineschlegel oder Schulter mit Schwarte, 1 Zwiebel, 5–6 Knoblauchzehen, 6 Scheiben gelbe Rüben, 1 EL Salz-Pfeffergemisch, 1 EL Schweineschmalz.

Die Schwarte des gewaschenen Fleisches wird kreuzweise mit dem Messer eingeschnitten. Das Fleisch wird nach Belieben mit Salz und Pfeffer eingerieben und unter Zugabe des geschnittenen Zwiebels mit den ganzen Knoblauchzehen und den gelben Rüben in der gefetteten Bratpfanne bei 200 Grad 1½–1¾ Std. gebraten. Man legt das Fleisch mit der Schwarte nach oben und gießt erst Wasser auf, wenn die Zwiebel dunkelbraun (aber nicht schwarz) werden. Der Braten muß immer wieder mit der sich bildenden Soße übergossen werden, wobei man stets auch etwas Wasser nachgibt. Es ist zu beachten, daß die Soße immer wieder einbrät. Zuletzt würzt man die Soße noch etwas ab und gibt sie je nach Belieben mit den Zwiebeln oder abgeseiht zum Braten auf den Tisch.

Saurer Schweinebraten (Ries)

1 kg Schweinefleisch, Essig nach Belieben, Salz nach Belieben, 1 kleines Stück Zitronenschale, 1 Zwiebel, 1 Portion Grünzeug, 1 Stückchen Schwarzbrotrinde, etwas Sauerrahm.

Man läßt das Schweinefleisch in der Essigbeize, Zitronenschale, Zwiebel und Grünzeug sowie der Schwarzbrotrinde einige Tage kühl gelagert und abgedeckt stehen. Nun wird das Fleisch mit der Beize, aus der die Zitrone entnommen wurde, in den Topf gegeben und je nach Größe so lange gekocht, bis es weich ist. Man seiht ab, bereitet eine dunkle Einbrenne, gießt mit Fleischbrühe auf, würzt mit Salz, Pfeffer und vielleicht etwas Essig nach und fügt etwas sauren Rahm hinzu. Darin eingelegt wird das Fleisch serviert.

Schweines mit Bodabire und Äpfel*

(Probstried bei Kempten)

500 g Schweinefleisch, 1 Zwiebel, 2 Knoblauchzehen, ½ gelbe Rübe, 2 EL Schweineschmalz, 2 EL Wasser, 300 g rohe Kartoffel, 3 säuerliche Äpfel.

Das Schweinefleisch wird angebraten, halbgegart, sodann in Scheiben geschnitten und unter Zugabe der gewürfelten Kartoffel sowie der geschälten und gewürfelten Äpfel im Bratensaft mit öfterem Nachgießen von Wasser gedünstet.

Dies galt als Hauptgericht, da es sowohl Fleisch als auch Beilagen enthielt.

Der gefüllte Schweinebauch

1 kg „Wammerl" (roh und nicht zu fett), Salz und Pfeffer nach Belieben, 1 gelbe Rübe, 1 Zwiebel, 5 Knoblauchzehen.
Füllung: 100 g Geigenmehl (oder Semmelbrösel), 1 Büschel Petersilie, 100 g geräucherter Schinken, nach Belieben 100 g Brät), 1 kleine Prise Zucker, 1 TL Majoran, 1 feingehackter, glasierter Zwiebel, Salz und Pfeffer nach Belieben.

In das „Wammerl" wird eine Tasche geschnitten und diese innen leicht gewürzt. Nun bereitet man die Füllung, indem man den grob gewürfelten Schinken mit den anderen Zutaten vermengt. Der Schweinebauch wird damit gefüllt und zugenäht. Nun wird die Schwarte kreuzweise mit dcm Messer eingeschnitten, das Fleisch allseits gewürzt und mit der geschnittenen gelben Rübe unter öfterem Wenden und Begießen knusprig gebraten.

Gruiben

2,5 kg roher, frischer Schweinespeck, 1/2 Tasse Milch.

Der frische Schweinespeck wird in Würfel 2 × 2 × 2 cm geschnitten, in einen doppelt so hohen Topf gegeben wie die Speckeinlage (wegen des Überschäumens) und sodann zuerst langsam erhitzt, um ein Anbrennen zu verhindern. Wenn sich etwas schwimmendes Fett am Boden gesammelt hat, Milch zugeben, stärker erhitzen und laufend umrühren. Die Gruiben etwas nachbräunen lassen und das Schmalz dann sofort in einen irdenen Topf abseihen. – Warme Gruiben sind zur Brotzeit beliebt.

Gruibenschmalz

Zur Herstellung werden in das erkaltende Schmalz die Gruiben eingerührt. – Ein beliebter Brotaufstrich.

Gruibensalat*

1 kg Kartoffel, 1 großer Zwiebel, 125 g Schweinefett, 100 g Gruiben, ½ TL Pfeffer, 1 gestr. EL Salz, einige EL Fleischbrühe oder Wasser.

Die noch heißen, geschälten Kartoffel schneiden, geschnittenen Zwiebel einstreuen, die Flüssigkeit zugeben und würzen. Zwischenzeitlich wird das Schweinefett mit den Gruiben stark erhitzt, über den Kartoffelsalat gegeben, leicht unterhoben und sofort serviert.
Früher aß man dazu ein Stück Schwarzbrot, heute wird Endiviensalat bevorzugt.

Geräucherts

Das Fleisch wird gesurt wie für den Surbraten, jedoch danach nicht gewaschen. Es wird dann zwischen 3–8 Tagen je nach Kaminhöhe und Rauchdichte mit frischem Buchenholz, Daas und möglichst Wacholder geräuchert, bis es schwarze Farbe annimmt.

Eingemachtes Kalbfleisch

500 g Kalbfleisch (am besten vom Schlegel), 1 Zwiebel, 1 Lorbeerblatt, 1 Zitrone, 1 gelbe Rübe, ½ Lauchstange, evtl. etwas Sellerie, 2 Stecknelken, etwas Mehl, 100 g Butter, 1 EL Essig, Salz, Zucker, Pfeffer nach Belieben, 1 Eigelb oder Safran.

Das Kalbfleisch schneidet man in größere Stücke und läßt es im Sud aus 1,5 l Wasser, Zwiebel und Lorbeerblatt mit dem Wurzelzeug abgedeckt garen. Nun entnimmt man das Fleisch, seiht die Brühe ab und stellt sie zur Seite. Der Butter wird im Topf zerlassen, mit Mehl angerührt und etwas vom Sud aufgegossen. Zur Erreichung einer sämigen Soße läßt man kurz aufkochen, legiert mit Eigelb oder etwas Safran, würzt mit Salz, Pfeffer, etwas Essig, Zukker und Zitronensaft und läßt das Fleisch darin einige Min. ziehen.
Dazu serviert man Kartoffellaible oder Teigwaren.

Gekochtes Suppenfleisch

1,3 kg Suppenfleisch, am besten Tafelspitz, Brustkern oder Zwerchrippe, die zwar etwas hautig, aber saftig ist, 3 l Wasser, ½ Sellerieknolle, ½–1 Lauchstange, 1 gelbe Rübe, 1 Petersilienwurzel.

Um den Fleischsaft nicht zu verlieren, gibt man das Fleisch in heißes Wasser und läßt es je nach Größe und Lagerung des Fleisches (am besten mindestens 14 Tage) genügend lang bis zur Garung kochen. Erst im letzten Drittel der Kochzeit gibt man das geputzte, kleingeschnittene Suppengrün hinzu.
Man serviert das in fingerdicke Scheiben geschnittene Suppenfleisch mit dem Grünzeug.

Sauerfleisch

Bœuf à la mode – im Volksmund meist „Böfflamott“

1 kg Rindfleisch, von Schulter oder Schlegel, 40 g Mehl, 50 g Fett, 1 Zwiebel, Salz und Pfeffer nach Belieben.
Essigbeize: 2 l Wasser, Essig nach Belieben, 1 Zwiebel, einige Nelken, 1 Stückchen Zitronenschale, ½ gelbe Rübe, 1 Lorbeerblatt, einige Pfefferkörner, eine Prise Zucker.

Man fertigt die Essigbeize, indem man Wasser mit Essig, Zwiebeln, Zitronenschale, Lorbeer, Nelken und Pfefferkörner mit einer Prise Zucker kurz aufkochen läßt, nach Erkalten der Beize legt man für 2–3 Tage das Fleisch ein. Man entnimmt dann das Fleisch, läßt die Beize zunächst erneut aufkochen, gibt das Fleisch wieder zu und läßt es 1½–2 Std. garen.

Zwischenzeitlich fertigt man in einem größeren Topf aus Mehl und Fett eine dunkle Einbrenne, die man mit feingehackten Zwiebeln zum Mitdünsten anreichert. Man rührt die Essigbeize nach und nach in die Einbrenne, so daß eine sämige Soße entsteht, würzt diese mit Salz, etwas Zucker und Zitronensaft nach Belieben ab und legt das fertige, geteilte Fleisch ein, das man so noch einige Min. ziehen läßt, bevor es serviert wird.

Man reicht dazu Kartoffel- oder Semmelknödel.

Katzeng'schrei

500 g gekochtes Suppenfleisch, 4 Eier, 1 EL Schmalz, Salz nach Belieben, 1 Zwiebel.

In reichlich Fett feingewiegte Zwiebel goldgelb anbraten. Das gekochte, kalte Rindfleisch, in kleinere Stückchen geschnitten, wird mit den verquirlten Eiern und Salz vermengt und in der Pfanne herausgebraten.
Man reicht dazu gerne Preiselbeeren und grünen Salat.
Ein beliebtes Montagessen im schwäbischen Hauswesen.

Gebackenes Euter

500 g Euter, 1 Ei, Semmelbrösel, 100 g Butter, Salz und Pfeffer.

Um das Euter von den Milchresten zu befreien, wird es zwischen 2–4 Std. in lauwarmes Wasser, das allmählich erkaltet, gelegt. Anschließend wird das Euter in einer 2–3%igen Salzlauge so lange gekocht, bis es weich wird. Man entnimmt das Euter und schneidet es nach Belieben in 10–15 mm starke Scheiben und läßt diese dann etwas abtrocknen. Sodann würzt man dieselben von beiden Seiten und paniert sie mit Ei und Semmelbrösel. Anschließend bäckt man die Euterscheiben in Butter auf beiden Seiten goldgelb.
Dazu wird grüner Salat gereicht.

Gedünstetes Hammelfleisch in Kümmel

(Ries)

Dazu werden zumeist die Rippen- und Bruststücke verwendet.

1 kg Hammel- oder Lammfleisch, 50 g Schweinefett, Salz und Pfeffer nach Belieben, 4 Knoblauchzehen, 1 Zwiebel, Suppenwurzeln, 2 EL Kümmel, ½ l Wasser oder Fleischbrühe, 3 rohe Kartoffel, 50 g Butter.

Die Rippenstücke werden ganz belassen, die Bruststücke enthäutet und in größere, gulaschartige Teile zerlegt. Das gewaschene Fleisch wird gewürzt und in Schweinefett kurz scharf angebraten. Mit Wasser oder Fleischbrühe abgelöscht, läßt man das Fleisch unter Beigabe der ganzen Knoblauchzehen und Zwiebel sowie der gehackten Suppenwurzeln mit Kümmel halbgar dünsten. Nun schneidet man die geschälten und gewaschenen Kartoffel in walnußgroße Stücke, und läßt sie mit dem Fleisch fertiggaren. Vor dem Auftragen läßt man Butter darin zergehen.

Man gibt das Ganze auf eine vorgewärmte Platte, mit Petersilie hübsch garniert, und streut noch etwas frischen Kümmel auf.

Hackbraten – Falscher Has

250 g Schweinehack, 250 g Rinderhack, 100 g Semmelbrösel, 2 Eier, 1 Zwiebel, feingehackt, 1 Knoblauchzehe, gepreßt oder feingehackt, 1 Büschel Petersilie, feingewiegt, 1 Prise Zucker, 2 EL Schweineschmalz, 1 Zwiebel, gescheibt, 4–5 Knoblauchzehen, ganz, ½ gelbe Rübe, gescheibt, Wasser zum Aufgießen.

Das Hackfleisch wird mit sämtlichen anderen Zutaten vermengt, so daß eine feste Masse entsteht, die man zu einem länglichen Laib formt. Man gibt den Hackbraten in ein Kar mit Schweinefett, gescheibten Zwiebeln, ganzen Knoblauchzehen, gescheibten gelben Rüben und läßt das Ganze bei 200 Grad Hitze so lange anbraten, bis die Zwiebel braun wird. Dann wird laufend mit wenig Wasser aufgegossen. Im weiteren wird der Hackbraten ständig mit dem sich in dem Kar bildenden Saft fleißig übergossen und nach Bedarf etwas Wasser zugeführt. Sollte die obere Kruste des Hackbratens etwas zu dunkel werden, empfiehlt es sich, denselben mit einer Alu-Folie abzudecken. In der schwäbischen Küche hatte man früher dasselbe durch Abdecken mit einer aufgelegten Tonplatte erreicht.

Bei 200 Grad Hitze ist der Hackbraten nach 1½ Std. gegart und kann, in Scheiben geschnitten, mit der noch nachzuwärmenden Soße sofort serviert werden.

Dazu reicht man Kartoffelsalat oder grünen Salat.

Haschee
Faschiertes – von französisch hachis – Gehacktes

500 g gekochtes Rind- oder Kalbfleisch oder andere Fleischreste, 1 Zwiebel, 1/2 Zitronenschale, gerieben, 1 Sträußchen Petersilie, 50 g Butter, 2 EL Mehl, 1/4 l Fleischbrühe, Salz und Pfeffer nach Belieben, 3 EL Rahm, etwas Essig.

Das Fleisch wird mit dem Zwiebel und der Petersilie durch den Fleischwolf gedreht, mit Butter angedünstet, mit Mehl bestäubt und mit Fleischbrühe aufgegossen. Man läßt das Ganze kurz aufkochen, würzt mit Salz und Pfeffer, etwas Essig und Zitrone sowie Rahm nach. Man kann nach Belieben mit Wein abschmecken.

Kälberkrösle – Kälberkränzle Gekröse

500 g Kalbsgekröse (das man beim Metzger gekocht kauft), 1 EL Mehl, 1 EL Fett, ½ l Wasser, 1 Prise Salz, Saft 1 Zitrone, Weißwein, Muskatnuß.

Das Kalbsgekröse wird gewaschen und in Streifen geschnitten. Aus Mehl und Fett eine helle Einbrenne bereiten, mit Wasser aufgießen, mit Salz, Zitronensaft und nach Belieben mit Weißwein abschmecken. Man kann mit Muskat nachwürzen.

Voressen – Kuttelfleck*

süßsauer als Zwischengericht zum Festmahl

500 g Kutteln, 1 EL Salz, 2 EL Wasser, 1 Zwiebel mit 2 eingesteckten Nelken, 1 Lorbeerblatt.
Aufbereitung der Soße: 1 Lorbeerblatt, 1 schwacher EL Weinbeeren, 2 EL Mehl, Salz nach Belieben, 1 TL Zucker, etwas Pfeffer, 1 l Wasser oder Fleischbrühe, 2 EL Schmalz, Essig nach Belieben.

Die Kutteln werden nach mehrmaligem sauberen Waschen in leichtem Salzwasser unter Zugabe von Zwiebel und Lorbeer gekocht, entnommen und in feine Streifen geschnitten.
Zwischenzeitlich bereitet man die braune Soße, indem man Schmalz zergehen läßt, Mehl einrührt und bräunt. Mit dem Wasser oder der Fleischbrühe aufgießen, mit Lorbeerblatt, Salz und Pfeffer sowie Zucker und Essig würzen und kurz aufkochen lassen. Anschließend die gewaschenen Weinbeeren mit den Kutteln dazugeben.
Dazu gab man früher eine Geige (= eine Semmel aus Weizenmehl und Wasser, ohne Salz und sonstige Zutaten).

Saure Lunge

500 g Kalbslunge (oftmals wird auch noch vom Herz dazugegeben), Wurzelzeug, 2 oder 3 Zwiebel, 2 Lorbeerblätter, 2 Gewürznelken, 1 kleines Stück Zitronenschale, 2 EL Schweineschmalz (oder 4 EL Öl), 2 EL Mehl, 1 EL Essig, Salz, Pfeffer und Zucker nach Belieben, 1 l Fleischbrühe oder Wasser, einige EL süße Sahne, Wacholderbeeren.

Die Lunge wird in kaltem Wasser mit dem Wurzelzeug, 1 Zwiebel und Lorbeerblättern sowie Nelken aufgesetzt, abgeschäumt, dann gesalzen und weichgekocht. Man entnimmt sie dem Sud, läßt sie erkalten und schneidet dünne Streifen. Nun bereitet man mit Fett und Mehl die braune Brenne und gibt unter ständigem Rühren die Fleischbrühe dazu, bis die Soße sämig ist. Die restlichen gebräunten Zwiebel werden mit der Zitronenschale 20 Min. mitgekocht. (Man kann das Ganze durchpassieren.) Nun wird die Soße gewürzt mit Salz, Pfeffer, Zitrone und Essig. Man gibt die geschnittene Lunge hinzu und läßt alles noch 20 Min. ziehen.
Zum Servieren rührt man noch die Sahne dazu.
Dazu werden Kartoffelknödel, Semmelknödel oder Salzkartoffel gereicht.

Speckkartoffel

150 g roher, geräucherter Bauchspeck, 1 Zwiebel, 500 g gekochte Kartoffel, 1 EL Schweineschmalz, 4–5 EL saurer Rahm, Salz und Pfeffer nach Belieben.

Der kleinwürfelig geschnittene Speck wird mit den kleingehackten Zwiebeln im Schmalz kurz angebraten. Dazu gibt man die geschnittenen, nicht zu dünn gescheibten Kartoffel, röstet das Ganze schön goldgelb, würzt mit Salz und Pfeffer und verfeinert mit dem sauren Rahm.

Wirsingröllchen (Ries)

8 Wirsingblätter, ⅛ l saurer Rahm, 300 g Fleischreste, 1 Büschel Petersilie, ½ Zitronenschale, gerieben, 80 g Butter, etwas Fleischsuppe, 1–2 EL Semmelbrösel, Salz, Muskatnuß und Pfeffer nach Belieben.

Die Fleischreste werden mit der Petersilie durch den Fleischwolf getrieben. Diese Masse gibt man dem schaumiggerührten Butter mit Semmelbrösel und den Eiern bei, rührt gut durch und würzt mit Salz, Pfeffer und Muskatnuß nach Belieben. Die im Salzwasser kurz gekochten Wirsingblätter läßt man auf dem Holzbrett ausgebreitet etwas abkühlen, bestreicht sie mit der Fülle, bestreut diese mit etwas geriebener Zitronenschale und rollt sie zusammen. Man reiht sie in der Bratpfanne nebeneinander und bestreicht sie während des Bratens öfters mit saurem Rahm.

Roter Preßsack – Schwartenmagen

½ l warmes, abgerührtes Schweineblut, 1 kg fettes Fleisch vom Schweinskopf, Rüssel, Schulter, Zunge, Herz und Schwarten, 1 Zwiebel, Salz und Pfeffer nach Belieben, 1 Päckchen Piment, 1 Päckchen gemahlene Nelken, 3 EL Majoran, 2 Lorbeerblätter.

Die Schwarten werden im Wassersud mit Zwiebel und Lorbeerblättern gekocht. Die Hälfte der gekochten Schwarten wird durch den Wolf gedreht, die andere Hälfte klein geschnitten. Das übrige in der Kesselsuppe gekochte Fleisch wird ebenfalls gewürfelt. Nun vermengt man das Schweineblut mit den Gewürzen, Schwarten und Fleisch, rührt kräftig durch und gibt die Masse in den gewendeten, gesäuberten Schweinemagen oder Bodendarm. Man läßt ihn 2 Std. bei 80–85 Grad ziehen. Während des Auskühlens öfter wenden!

Weißer Preßsack – Schwartenmagen

Fettes Fleisch von ½ Schweinskopf, Rüssel, Schulter, Zunge, Herz, Schwarten, Essig nach Belieben, Salz und Pfeffer nach Geschmack, 1 Tütchen Muskatblüte, 1 Zitronenschale feingehackt, 1 Zwiebel, 3 Lorbeerblätter.

Die Schwarten werden im Sud mit dem Zwiebel und den Lorbeerblättern gekocht. Man nimmt die gegarten Schwarten, treibt die Hälfte durch die Maschine, der Rest wird kleingeschnitten. Das übrige, bereits in der Kesselsuppe vorgekochte Fleisch wird kleingeschnitten und gewürfelt. Nun vermengt man den Schwartensud mit Schwarten und Fleisch unter Zugabe der Gewürze, rührt das Ganze kräftig durch und füllt die Masse in den Papierdarm. Man läßt den Preßsack 1 Std. bei 85 Grad ziehen, entnimmt ihn und läßt ihn unter öfterem Wenden auskühlen.

Streichleberwurst

1 ganze Schweineleber, ½ Tütchen Salpeter (verbessert Farbe) oder Kochsalz nach Belieben, 1 ganzer Schweinebauch, gekocht, 3 gehackte, abgebräunte Zwiebel, Kesselsuppe, Pfeffer nach Geschmack, 1 Päckchen Muskatblüte, ½ EL Zucker.

Die Leber wird roh durch die 1-mm-Scheibe des Fleischwolfs gedreht und gut sämiggerührt. Den Schweinebauch dreht man anschließend mit den gerösteten Zwiebeln durch eine 2-mm-Scheibe. Dann vermengt man alles zusammen gut mit den Gewürzen und gibt noch etwas Kesselsuppe hinzu. Nach kräftigem Verrühren füllt man die Masse am besten in den Schweineenddarm oder in den Mitteldarm vom Rind. Man läßt die Würste bei 75–80 Grad 1 Std. ziehen und gibt sie zum Erkalten anschließend in kaltes Wasser unter öfterem Wenden. Nun werden sie aufgehängt und bei kaltem, höchstens mäßig warmem Rauch 1–1½ Std. geräuchert.

Blutwurst

1 kg Schweinebacken vom frisch geschlachteten Schwein (Menge für ca. 20 Würste), 4–5 l gerührtes Schweineblut, 1 l heiße, entfettete Kesselsuppe, Kochsalz und Pfeffer nach Geschmack, 2 EL Majoran, 1 Tütchen gemahlene Nelken, ½ TL Piment, 1 mittelgroße gehackte Zwiebel.

Das Blut wird mit den Gewürzen vermengt, man gibt die gewürfelten Schweinebacken hinzu und rührt alles gut durch. Die Masse wird in Därme gefüllt und abgebunden. Bei etwa 85 Grad gut 20 Min. ziehen lassen. Zur Blutwurstherstellung wird der Schweinedickdarm verwendet. Er muß gewendet, gut gereinigt, aber keinesfalls vorgekocht werden.

Leberwurst

1 ganze gekochte Schweinslunge (= 50 Leberwürste), 1 Schweinemiker (= gekochtes Darmfett), 1 Zwiebel, 10 in Suppe eingeweichte Semmel, 3 EL Majoran, Salz und Pfeffer nach Belieben, 1 Päckchen Piment, 1 Päckchen gemahlene Nelken.

Das Fleisch wird mit dem Zwiebel und den Semmeln durch den Fleischwolf gedreht. Danach werden sämtliche Gewürze in diese Masse eingerührt. Damit sie geschmeidig wird, gibt man noch Kesselsuppe (Sud vom gekochten Schweineschlachtfleisch) dazu. Die Masse wird in den Darm eingefüllt, alle 20 cm abgebunden und an den Enden zusammengefaßt. Man gibt die Leberwürste in heißes Wasser und läßt sie bei 80 Grad 15–20 Min. ziehen.
Für die Leberwürste wird der gewendete und sauber gereinigte Schweinedünndarm verwendet.

Schüblinge

350 g Rindsbrät von jungen Bullen (= 6 Würste), 350 g Schweinebrät von der Schweineschulter, Salz, Pfeffer, Matjesblüte.

Das Fleisch, etwa 2 Tage gelagert, wird kalt verbrätet. Man rührt die Gewürze unter und füllt die Masse in den Rinder-Mitteldarm. Fünffach abgebunden entstehen 6 Würste am Strang zu etwa je 100–130 g, die 20 Min. im warmen Rauch intensiv geräuchert werden. Nun werden sie noch 30–35 Min. bei etwa 70 Grad abgekocht und bei späterer Verwendung nochmals im heißen Wasser erwärmt.
In Kempten kennt man den kalten Schübling mit abgezogener Haut und mit Senf serviert unter dem Namen: „Nacketer Krugzeller".

Knöchlesulz

2 Schweinsfüße, 2 Schweinsohren, 500 g Schweinefleisch, alles mindestens 8 Tage gelagert, 1½ l Wasser, 1 gelbe Rübe, 1 Lorbeerblatt, 5 Nelken, 10 Pfefferkörner, 2 Zwiebel, 1 Prise Zucker, 3 EL Essig, Salz und Pfeffer nach Belieben, 1 kleines Stück Zitronenschale.

Zuerst läßt man das Fleisch in 1½ l Wasser kurz aufkochen. Der trübe Sud wird abgegossen und das Fleisch unter kaltem Wasser nachgespült (damit die Sulz nicht trüb wird).
Nun setzt man die so gereinigten Fleischstücke mit allen Zutaten (ohne Zitronenschale) erneut in 1½ l frischem Wasser zu und läßt das Ganze solange nur köcheln (2 Std.), bis die Fleischstücke sehr weich sind. Zuletzt hängt man noch kurz die Zitronenschale hinein und seiht dann die Brühe ab. Man läßt sie erkalten, hebt das Fett ab und erwärmt sie wieder und würzt mit Salz, Pfeffer und Essig nach Geschmack. Dann portioniert man das Fleisch mit Schwarten in kleine Stücke, verteilt es in 4 Teller mit Scheiben von Essiggurken und gibt die Sulz darüber. An einem kühlen Ort läßt man sie gelieren.

Augsburger Bratwürste (18. Jh.)

1 kg Schweinefleisch, 1 kg Rindfleisch, 200 g feinstgewürfelten Schweinespeck, 1 Päckchen Muskatblüte nach Belieben, ¾ gestr. TL gestoßene Nelken, 1 TL Pfeffer, 1½ EL Salz, 2 Zwiebel, feinstgewiegt, 1½ EL Majoran.

Das ungefähr 4 Tage abgelagerte Fleisch wird durch den gröberen Fleischwolf gedreht, mit Salz und Pfeffer nach Belieben gewürzt. Man läßt es einen weiteren Tag kühl abgestellt stehen. Nun gibt man den feinstgewürfelten Speck, die Zwiebel und die übrigen Gewürze hinzu. Das Ganze wird kräftig vermengt. Der Fleischteig muß eine rötliche Farbe annehmen. Nun werden Rindsdärme satt gefüllt und handbreit abgebunden. Diese Bratwürste werden 5 Tage kalt geräuchert. Man kann sie anschließend bis zu einigen Wochen – je nach Temperatur – luftgetrocknet lagern, ehe man sie in der Bratpfanne knusprig brät und zu Sauerkraut serviert.

Rieser Bratwürste

1 kg mageres Schweinefleisch, 1 Zwiebel, 1 gestr. TL Muskat, 2 EL Majoran, Salz und Pfeffer nach Belieben.

Diese Würste werden mit 2,5–3 cm Stärke und 10 cm Länge hergestellt.
Das Schlachtfleisch wird kalt verbrätet. Man fügt die feinstgehackten Zwiebel mit Gewürzen hinzu, füllt die Masse in einen mehrfach gewaschenen, gewendeten Dünndarm und bindet alle 10 cm ab. Die rohen Würste gibt man ½ Std. in kaltes Wasser.
Von dort entnommen, sind sie bratfertig.
Oft werden sie jedoch, um eine längere Lagerung zu ermöglichen, einige Tage kalt geräuchert.

Lumpensuppe

200 g Emmentaler, 200 g Preßsack oder Schüblinge u. dgl., 1 Zwiebel, Essig, Salz und Pfeffer nach Belieben, 1 kleine Prise Zucker, 2 EL Öl, 1 Tasse Wasser.

Emmentaler und Wurst werden kleingeschnitten und in das Gemisch aus Wasser, Zucker, Salz, Pfeffer, Essig und Öl gegeben. Man läßt sie gut einziehen und belegt das Ganze mit den feingeschnittenen Zwiebelringen.

Hasenpfeffer – Hasenragout

½ Hase mit Kopf und Innereien, Essig nach Belieben, Salz nach Belieben, 1 kleines Stückchen Zitronenschale, 1 Zwiebel, 1 Portion Wurzelzeug, 1 Tasse Tauben- oder Schweineblut, 50 g Butter, 2–3 EL Mehl, etwas Fleischbrühe, 1 Lorbeerblatt, 1 EL Koriander, 10 Wacholderbeeren, ½ Tasse Sauerrahm.

Man bereitet eine Beize, indem man 1½ l Wasser mit Essig, Lorbeerblatt, Koriander, Wacholderbeeren und dem Zwiebel aufkochen läßt. Nach Erkalten der Beize legt man die gewaschenen, zerkleinerten Fleischteile (ohne Leber) für 2–3 Tage ein. (Ältere Hasen beizt man länger!) Das so vorbehandelte Fleisch wird nun in der Beize weichgekocht. Die Fleischstücke werden dann entnommen. Der Beiz-Sud wird nach und nach in die inzwischen gefertige Einbrenne samt Tauben- oder Schweineblut eingerührt. Nach kurzem Aufwallen wird die Soße abgeseiht und mit Salz, Pfeffer, Zucker und Essig nachgewürzt und mit Rahm verfeinert. Dann werden die Fleischstücke wieder eingelegt. Nach kurzem Ziehen wird das Ragout zu Kartoffelknödeln gereicht.

Glieber Aufbruch

Leber, Herz, Lunge von Hirsch, Reh oder Sau, Salz und Pfeffer nach Belieben, 100 g Butter, 3 EL Mehl, 1 TL Johannisbeergelee, wenn vorhanden: etwas Schweineblut, etwas Zitronensaft, 3 EL saurer Rahm.
Beize: 2 l Wasser, ¼ l Essig oder nach Belieben, so daß eine nicht zu scharfe Beize entsteht, 1 Stück Zitronenschale, 1 Lorbeerblatt, 10 Wacholderbeeren, 4 Nelken, 20 Pfefferkörner, 1 TL Koriander, 1 gelbe Rübe, gescheibt, 1 Stückchen Sellerie.

Zunächst wird die Beize hergestellt, indem man in Wasser den Essig mit den übrigen Zutaten ½ Std. aufkochen läßt.
In die erkaltete Beize werden die Fleischstücke eingelegt, worin sie mindestens 2 Tage abgedeckt beizen sollen.
Die Fleischstücke werden entnommen und die Beize abgeseiht. Man läßt in ihr alle Fleischstücke bis auf die Leber weichkochen. Diese wird erst in den letzten 10 Min. zugegeben. Man bereitet aus Butter und Mehl eine Einbrenne, gießt nach und nach unter Rühren den Kochsud auf, so daß eine sämige Soße entsteht. (Nun kann man das Schweineblut einrühren.) Die Soße wird gewürzt mit Salz, Pfeffer (Fondor), Johannisbeergelee, Zitronensaft, noch etwas Essig. Die zerkleinerten Fleischstücke läßt man 10 Min. in der Soße marinieren.
Man serviert das Ganze in einer flachen Platte und begießt es zur Verzierung und Geschmacksverfeinerung mit saurer Sahne. Dazu werden Bratkartoffel oder gekochte Kartoffelknödel gereicht.
(Dies ist ein Vorschlag des Kochs. Der Waidmann wird seinem „Geheimrezept“ folgen.)

Sarazener (Allgäu)

500–600 g Leber (vom Hirsch oder Reh), 50 g Fett, 1 Zwiebel, 1 EL Mehl, 1 EL Essig, 1–1½ l Fleischbrühe, Salz und Pfeffer nach Belieben, Spätzle.

Der kleingeschnittene Zwiebel wird im Fett goldgelb geröstet, die in kleine Stückchen geschnittene Leber dazugegeben, anbraten, die Gewürze beimengen, mit Mehl stäuben, häufig umrühren und mit etwas Fleischbrühe aufgießen. Der Rest der Fleischbrühe und die Spätzle werden dazu vermengt, nochmal aufgekocht und pikant abgeschmeckt.

Bratgans (Ries)

1 mittelgroße, junge Gans, ½ Delicius-Apfel, 1 Gemisch aus 2 EL Salz, 1 gestr. TL Pfeffer, 1 TL Majoran, 1 gestr. TL Beifuß (heute auch etwas Fondor).

Die gereinigte, von Kielen befreite Gans wird allseits, auch innen, mit dem Gemisch gewürzt und mit Fett sowie Magen, Herz und den zerkleinerten Flügelknochen in ein möglichst großes Bratkar gegeben, in welches man so viel Wasser eingießt, daß es 5 mm hoch steht. Die geschälten Apfelstücke gibt man in die Gans, die man zuerst mit der Brust nach unten und dann unter öfterem Wenden und Begießen mit dem Bratensaft zuerst bei 250 Grad und zuletzt bei 200 Grad knusprig braun brät. Das Bratenfett wird abgehoben und die Soße gebunden. Die Gans wird nun aus dem Kar genommen, mit dem Fett allseits übergossen und mit dem Gemisch (wie oben angegeben) nachgewürzt. Auf dem Rost kurz bei 300 Grad gegrillt, wird die Haut sehr knusprig. Man reicht dazu Kartoffelknödel und Blaukraut.

Gebratene Ente (Mittelschwaben)

1 junge Ente, Salz, Pfeffer (Rosenpaprika), 2 Sträußchen Petersilie.

Die von Kielen befreite, gewaschene Ente wird außen und innen gewürzt. Das Tierfett wird mit Herz und Magen in das Kar gegeben. Die Petersilie gibt man in das Innere der Ente. Die weitere Zubereitung erfolgt wie bei Bratgans, s. S. 137.

Gefüllte Tauben

4 Tauben, 100 g Butter, 1 Tasse Geigenmehl oder Semmelbrösel, 1 gestr. EL Zwiebelmus, 1 Büschel Petersilie, 80 g roher Schweinespeck, 1 Ei, etwas vorgewärmte Milch, 1 gestr. TL Majoran, etwas geriebene Muskatnuß, Salz und Pfeffer nach Belieben, 1 Prise Zucker, 1 gelbe Rübe.

Man bereitet aus Geigenmehl, Ei, Milch, unter Zugabe des feingewürfelten rohen Specks und dem vorglasierten Zwiebelmus die nicht zu feste Fülle. Sie wird abgewürzt mit gehackter Petersilie, Majoran und den übrigen Gewürzen, die Innereien der Tauben – wie Herz, Leber und der enthäutete Magen – werden zerkleinert, der Füllmasse beigerührt, wobei man die Leber kurz blanchieren sollte, damit die Füllung nicht zu dunkel wird und der Lebergeschmack erhalten bleibt.
Nun werden die Tauben gefüllt und zugenäht. Auf der Außenseite mit Salz und Pfeffer gewürzt, werden sie im gebutterten Kar mit der gescheibten gelben Rübe unter öfterem Begießen gebraten.
Man reicht dazu Salate.

Aus Wasser und Weiher

Blaufelchen in Rahm

(Aus der Gegend der Alpenseen des Allgäus)

4 Blaufelchen, Saft einer Zitrone, 2–3 EL Mehl, 100 g Butter, Salz und Pfeffer nach Geschmack, Petersilie.
Soße: 1 Tasse Fleischbrühe, 1 EL Mehl, ½ Tasse Rahm (süß oder sauer), 1 kleine Zwiebel, Salz, Pfeffer, Zitrone.

Die geschuppten, ausgenommenen und gewaschenen Fische werden mit Zitronensaft beträufelt, den man einige Min. einziehen läßt. Mit Salz und Pfeffer (heute auch etwas Fondor) werden die Fische auch innen gewürzt. In Mehl gewendet, werden sie in der Pfanne in Butter goldbraun gebraten. Die Fische sind gar, wenn man die Flossen herausziehen kann. Man entnimmt sie und stellt sie warm. Nun gibt man in den Fettrückstand die feinstgehackten Zwiebel und rührt das Mehl unter. Die mit Fleischbrühe gelöschte Soße läßt man kurz aufkochen, passiert sie durch und verfeinert sie mit Rahm. Nachgewürzt gießt man sie auf die Servierplatte, legt die Fische auf und verziert sie mit Petersilie und Zitronenscheiben.

Karpfen blau

1 Karpfen 1–1,5 kg (am besten Spiegelkarpfen von Oktober bis März), 1 Stückchen Zitronenschale, 1½ Tassen Wasser zum Übergießen, Essig für den Sud nach Belieben, 2–3 EL Salz und Pfeffer nach Belieben, 4 l Wasser, 1 Sträußchen Petersilie, 1 Lorbeerblatt, einige Wacholderbeeren, 1 ganzer Zwiebel, 1 gelbe Rübe, 3 Stecknelken, einige Pfefferkörner, 1 Stückchen Sellerie, 1 Prise Zucker, 200 g Butter zum Übergießen.

Der kurz vor der Zubereitung getötete, geschuppte Fisch wird vorsichtig unter Wasser geöffnet und ausgenommen. Man hält den Karpfen am besten am Kopf, damit die Schleimschicht nicht verletzt wird. Nun wird der Karpfen mit einer großen Kartoffel gefüllt – damit er auf einem Kuchengitter aufgestellt stehenbleibt – und mit heißem Essig übergossen. In Zugluft abgestellt, wird der Karpfen nach 8–10 Min. schön blau.

Zur Herstellung des Fischsudes wird das Wasser unter Zugabe von Essig nach Belieben und der übrigen Zutaten kurz zum Kochen gebracht. Man nimmt den Sud vom Feuer, legt den Karpfen ein und läßt ihn garziehen. (Er ist gar, wenn die Flossen beim Anziehen nachgeben.) Der Fisch wird nun mit Zitronenscheiben, Petersilie und gelben Rüben hübsch garniert und mit reichlich zerlassenem Butter zu Kartoffeln gereicht.

Forelle blau

Die Zubereitung erfolgt wie beim „Karpfen blau“, jedoch wird die Forelle vor dem Überbrühen mit heißem Essig dressiert, indem man Oberkiefer und Schwanzende mit Bindfaden zusammenbindet.

Huchen

Am besten blau wie die Forelle zubereiten. Im April wird er am schmackhaftesten sein!

Blaufelchen

Am besten blau wie die Forelle zubereiten!

Weißfisch gebacken*

(Raum Augsburg und Wertachgegend)

4 Weißfische, Salz und Pfeffer nach Belieben, 1 Zitrone, 2 Sträußchen Petersilie, 200 g Butter, 2–3 EL Mehl, Backfett.

Die geschuppten, ausgenommenen und gewaschenen Fische werden allseits mit Zitronensaft beträufelt, den man einige Min. einziehen läßt. Nun werden die Fische innen und außen mit Salz und Pfeffer (heute auch Fondor) nach Belieben gewürzt. In die Fische legt man je ein länglich geschnittenes Stückchen Butter und ½ Büschel Petersilie. Man wendet sie nun in Mehl und bäckt sie in der gebutterten Pfanne, abgedeckt oder auch schwimmend, heraus.
Mit frischer Petersilie und Zitronenscheiben garniert, reicht man sie zu Salaten.
Anmerkung: Natürlich kann man den in Mehl gewendeten Fisch auch noch in ein verquirltes Ei tauchen und in Semmelbrösel paniert ausbacken. Dadurch geht der feine Eigengeschmack der Haut aber verloren.
Es fanden beide Zubereitungsarten Anwendung.

Karpfen gebacken

Die Zubereitung erfolgt wie beim gebackenen Weißfisch, nur daß der Karpfen mit 100 g Butter und einem Büschel Petersilie gefüllt wird.

Forelle gebacken

Die Zubereitung erfolgt wie beim gebackenen Weißfisch.

Gedämpfter Aal

1 Aal von 1 kg, 1 Tasse Salz, 1 Zwiebel, 5 Nelken, einige Pfefferkörner, 1 Lorbeerblatt, 1 Zitrone, Salz und Pfeffer nach Belieben, 1 Büschel Petersilie, Wurzelgemüse, ½ Tasse Fleischbrühe oder Wasser, 100 g Butter.

Der Aal wird mehrfach mit Salz zur Entschleimung eingerieben und abgespült. Nun hängt man ihn am Kopf auf und schneidet ringsum hinter dem Kopf die Haut ab. So kann man sie nach unten ziehen. Man beträufelt den Aal mit Zitronensaft und würzt ihn mit Salz und Pfeffer. Der Aal wird eingerollt, mit den übrigen geschnittenen Zutaten in einen gebutterten Topf gegeben, der mit einem Deckel fest abgedichtet wird. Diesen Topf gibt man in ein größeres Gefäß ins Wasserbad, deckt auch dieses sorgfältig ab, so daß möglichst wenig Dampf entweichen kann. Der Fisch ist je nach Stärke in etwa 30 Min. gegart.

Man serviert ihn mit dem Wurzelzeug, ohne Petersilie, am besten mit Salzkartoffel.

Gespickter Wörnitzhecht (Donauwörth – Ries)

1 Hecht etwa 1–1,5 kg schwer, 50–75 g geräucherter, durchwachsener Speck, Salz und Pfeffer nach Belieben, Saft einer Zitrone, 100 g Butter zum Fetten des Kares, 150 g Butter zum Übergießen, 1 Tasse Wasser, ¼ l saure Sahne, 2 TL Stärkemehl, 1 mittelgroßer Zwiebel.

Der ausgenommene, gewaschene und abgetrocknete Fisch wird innen und außen mit Zitronensaft beträufelt. Der Speck wird in dünne Streifen geschnitten. Nun wird der Hecht entlang der Mittelgräte rechts und links mit der Nadel gespickt, mit Salz und Pfeffer gewürzt und in das gebutterte Kar gelegt. Man gibt den geschnittenen Zwiebel zu, übergießt den Hecht mit heißem Butter und brät ihn nun unter öfterem Begießen. Die Sahne wird mit dem Stärkemehl verquirlt, womit die Soße gebunden wird. Nach Garen des Fisches wird die Soße abgeseiht und mit etwas Zitrone nachgewürzt.
Dazu werden Salzkartoffel gereicht.

Der überbackene Donauwaller

1 Waller 1–2 kg (junge Waller sind am schmackhaftesten!), 1 Tasse Salz, 1 Zitrone, Salz und Pfeffer nach Belieben, 3 Büschel Petersilie, ½ Tasse Salatöl, 1 Tasse Mehl, 70 g Butter zum Bestreichen, ¾ Tasse Semmelbrösel, 100 g Butter als Backfett, 1 geschnittener Zwiebel, ½ geschnittene gelbe Rübe, 1 Tasse Fleischbrühe oder Wasser, 1 Prise Zucker.

Da der Waller keine Schuppen besitzt, wird er zur Entschleimung kräftig mit Salz abgerieben, gewaschen und ausgenommen. Man würzt ihn mit Salz, Pfeffer und Zitrone außen und innen nach Belieben, bestreicht ihn mit Öl und belegt ihn mit Petersilie. So läßt man ihn mit einem feuchten Tuch abgedeckt 8–10 Std. stehen. Dann wird die Petersilie abgenommen und der Fisch leicht nachgewürzt. Nun wird er eingemehlt, mit zerlassenem Butter beträufelt und mit Semmelbrösel bestreut. Man setzt ihn in ein gut gebuttertes Kar mit Zwiebel, gelber Rübe, Fleischbrühe oder Wasser und läßt ihn unter öfterem Begießen braun backen. Man reicht ihn auf Salatblättern mit Zitronenscheiben hübsch garniert zu Salaten.

Froschschenkel in weißer Soße

4 Dtzd. Froschschenkel (sie sind im Herbst am besten), 1/2 Tasse Essig, Wurzelzeug, 2 l Wasser, 100 g Butter, 3 EL Mehl, Salz und Pfeffer nach Belieben, etwas Zitronensaft, 1 Prise Zucker.

Von den getöteten Fröschen werden die Schenkel abgetrennt und enthäutet. Nach dem Waschen legt man sie 1 Std. in ein halbfeuchtes essiggetränktes Tuch. Zwischenzeitlich läßt man das zerkleinerte Wurzelzeug in nur ganz leicht gesalzenem Wasser auskochen. Die Brühe passiert man durch ein Sieb und legt in den klaren, leicht ziehenden Sud die Froschschenkel. Je nach Größe garen sie nach 10–15 Min. Nun läßt man Butter in einem möglichst breiten Topf zergehen, rührt das Mehl ein und gießt mit dem Kochsud auf. Nachdem man die Soße mit Salz, Pfeffer, Zucker und etwas Zitronensaft abgewürzt hat, übergießt man die in der Vorlegeplatte nebeneinandergereihten, gedünsteten Froschschenkel.
Man reicht dazu Kartoffelbrei.
Als Krankenkost beliebt.

Gebackene Froschschenkel

3 Dtzd. Froschschenkel, 2 l Milch, 1 Tasse Mehl, 3 Eier, 1 Tasse Semmelbrösel, Salz und Pfeffer nach Belieben, 150 g Butter, 1 Sträußchen Petersilie, 1 Zitrone.

Von den getöteten Fröschen werden die Schenkel abgetrennt, enthäutet und gewaschen. Man läßt sie einige Stunden auskühlen, legt sie dann 1 Std. in die Milch ein und läßt sie ziehen. Dann werden die Schenkel entnommen, gewürzt und mit den verquirlten Eiern und den Bröseln paniert. In einer möglichst großen Pfanne werden sie in Butter gebakken. Man reicht sie mit Zitrone und Petersilie garniert, dazu Salat oder Weißkraut.

Im Raum Ottobeuren hat man die Froschschenkel auch gerne in Bierteig getaucht und gebacken.

Froschschenkel in Rahm-Sauce

4 Dtzd. Froschschenkel (sie sind im Herbst am besten), 1/2 Tasse Essig, Salz und Pfeffer nach Belieben, 1 EL Mehl, 1/2 l Fleischbrühe, 10 g Butter, 1 Eigelb, 4 EL Süßrahm, 1 Prise Zucker, etwas Zitronensaft, 1 Sträußchen Petersilie.

Von den getöteten Fröschen werden die Schenkel abgetrennt, enthäutet und gewaschen. Man schlägt sie 1 Std. in ein halbfeuchtes Essigtuch, dann werden sie gesalzen und gewürzt, wobei die Beinchen noch kurze Zeit zucken. Die so vorbereiteten Schenkelchen werden nun in heißem Butter goldbraun geröstet, mit Mehl bestäubt und mit Fleischbrühe aufgegossen. Ist die Soße sämig geworden, wird sie vom Feuer genommen und legiert mit dem in Rahm verquirlten Eigelb. Zuletzt würzt man die Soße mit einigen Tropfen Zitronensaft nach. Man serviert sie mit gehackter Petersilie bestreut zu Kartoffel.

Und Sonscht no Allerhand

Sauerkraut

1 kg Sauerkraut, 10 Wacholderbeeren, 1 Lorbeerblatt, 10 Nelken, 10 Pfefferkörner, 1 Zwiebel, 1 Delicious-Apfel, 500 g Schweinefüßle, 2 EL Schweineschmalz, 1 Prise Zukker, 1 Tasse Wasser, etwas Essig und Salz.

Das Sauerkraut wird mit Wasser, den Schweinefüßle, Lorbeer und Wacholderbeeren sowie den Pfefferkörnern, Nelken und Zwiebeln zugesetzt. Man läßt das Kraut leicht köcheln und gibt nach 2 Std. Kochzeit den geschälten, entkernten und geschnittenen halben Delicious-Apfel mit der Prise Zucker hinzu. Man läßt das Ganze noch eine weitere Stunde abgedeckt dünsten, bis der Apfel gänzlich vermust. Sollte zuviel Flüssigkeit verdampfen, muß etwas nachgegeben werden. Wenn das Kraut den persönlichen Vorstellungen entsprechend weich ist, rührt man das Schweineschmalz hinzu und würzt ab.
Man reicht dieses Sauerkraut zu Dampfnudeln, Blut- und Leberwürsten, Kartoffelgerichten und Schweinefleisch.

Gedünstetes Weißkraut

1 kleiner Kopf Weißkraut, 80 g Schweinefett, 1 gestr. EL Zucker, 1 Zwiebel, Salz und Pfeffer nach Belieben, etwas Essig nach Belieben, 1 Tasse Weißwein, 2 EL Kümmel, ½ Tasse Fleischbrühe oder Wasser, 1 EL Mehl, 100 g geräucherter Speck.

Nachdem man die äußeren welken und grünlichen Blätter entfernt hat, wird der Krautkopf geviertelt und der Strunk herausgeschnitten. Anschließend wird das Kraut fein gehobel und in einem Durchschlag unter fließendem Wasser gewaschen.

Mit 40 g Schweinefett läßt man Zucker leicht bräunen und den feingehackten Zwiebel darin andünsten. Man löscht mit der Fleischbrühe ab, gibt Kraut mit Wein zu und würzt das Ganze mit Salz, Pfeffer, Kümmel und etwas Essig. Das Kraut muß öfters gewendet werden. Ist es weich gedünstet, rührt man einen flüssigen Mehlbrei unter, so daß die Krautbrühe sämig wird. Zulctzt läßt man die restlichen 40 g Fett im Kraut zergehen, wodurch es einen appetitlichen Glanz erhält. Der Speck wird gewürfelt, knusprig angebraten und über das Kraut verteilt.

Dieses Kraut wird hauptsächlich zu Kartoffelgerichten gereicht.

Blaukraut

1 Kopf Blaukraut, 80 g Schweinefett, 1 Zwiebel, 1 EL Johannisbeergelee, 1 Apfel (am besten Delicius), Salz und Pfeffer nach Belieben, Zitronensaft nach Belieben, 1 Tasse Rotwein, 1/2 Tasse Fleischbrühe, 1 EL Mehl, 8–10 Gewürznelken.

Die äußeren welken Blätter werden entfernt, der Krautkopf geviertelt und der Strunk herausgeschnitten, dann das Kraut gehobelt und gewaschen. Der Zwiebel wird gehackt und mit 40 g Fett angedünstet. Man löscht mit Fleischbrühe ab und gibt das Kraut mit den geschälten, gescheibten Äpfeln zu und gießt mit dem Rotwein auf. Ist das Kraut weichgedünstet, rührt man das Johannisbeergelee unter, würzt ab und bindet die Soße, damit sie sämig wird.
Man reicht es als Beilage zu Suppenfleisch oder Kartoffelnudeln.

Saure Rahmsoß' (Mittelschwaben)

1 Tasse saurer Rahm, 1 gehäufter EL Mehl, 1 Büschel Petersilie, 50 g Butter, Salz und Pfeffer nach Belieben, Wasser.

Den Butter im Topf zergehen lassen, das Mehl mit etwas Wasser einrühren und kurz aufwallen lassen. Man nimmt den Topf vom Feuer, rührt den Rahm hinzu, so daß die Soße sämig wird. Nun würzt man mit Salz und Pfeffer ab, gibt die gehackte Petersilie hinzu und reicht sie zu Kartoffel oder Semmelknödel.

Saure Kartoffel – Saure Rädle
eingemachte Kartoffel

500 g neue, gekochte Kartoffel, 80 g Butter oder Schmalz, 1 EL Mehl, ½ l Wasser, 1 Lorbeerblatt, 1 Stückchen Zitronenschale, 1 Nelke, 1 Zwiebel, Salz und Pfeffer nach Belieben, 1 EL Essig nach Belieben, 1 Prise Kümmel.

Man läßt das Fett zergehen und fügt die feingehackte Zwiebel mit dem Mehl hinzu und röstet das Ganze, bis die Zwiebel goldgelb ist. Sodann gießt man mit Wasser auf und gibt die restlichen Gewürze hinzu. Man läßt alles ½ Std. kochen, seiht die Soße ab und gibt ihr die zwischenzeitlich gekochten, geschnittenen, heißen Kartoffel hinzu.

Kümmelkartoffel

500 g Kartoffel, 1 l Wasser, Salz und Pfeffer nach Belieben, 1 EL Kümmel.

Die rohen, geschälten Kartoffel werden geschnitzelt und in kräftigem Salzwasser weichgekocht. Man gießt das Wasser ab, läßt die Kartoffel kurz abgedeckt unter Zugabe des Kümmels bei leichter Hitze 2–3 Min. trocknen.
Die in der Schüssel servierten Salzkartoffel wurden in mancher Küche noch mit zerlassenem Butter übergossen.

Salzkartoffel

Die Zubereitung erfolgt wie bei Kümmelkartoffel, nur ohne Beigabe von Kümmel.

Seller-Bodebire – Sellerie-Kartoffel (Ries)

750 g rohe Kartoffel, 500 g Lauch, 250 g Sellerie, 80 g Schweinefett, etwas Wasser, Salz und Pfeffer nach Belieben.

Die rohen, geschälten, gewaschenen und geteilten Kartoffel werden in Fett und etwas Wasser abgedeckt 10 Min. gedünstet. Nun gibt man das gewaschene und zerkleinerte Grünzeug hinzu und läßt das Ganze dünsten, bis die Kartoffel weich sind.
Man würzt nach Geschmack und serviert.

G'schaichte Bodebire* (Allgäu)

Noch warme, gekochte Kartoffel werden in Scheiben geschnitten und in eine Schüssel geschichtet, wobei man zwischen jede Schicht geriebenen Emmentaler einstreut. Zusätzlich übergießt man jede Schicht mit einer Mischung aus warmem Wasser, etwas Essig und Pfeffer und Salz. Mit dem Salatbesteck wird nun das Ganze kräftig vermengt, was man als „schaichen" bezeichnet.
Vor dem Servieren übergießt man mit zerlassenem Butter und dem darin gebräunten Zwiebel.
Dazu wurde Schwarzbrot gereicht.

Linsen mit Spätzle

250 g Linsen, 1 EL Essig, 1 Prise Zucker, Salz nach Belieben.

Linsen über Nacht einweichen und am nächsten Tag 20 Min. aufkochen. Braune Brühe (s. S. 63) zubereiten, die Linsen beifügen, nochmals aufkochen und abschmecken.
Dazu gehören abgeschmälzte Spätzle.

Linsenmus kann auch mit dareingeriebenen rohen Kartoffeln gebunden werden. (Gunzesried)

Bohnen und Kraut

500 g Bohnen (Saubohnen), 100 g durchwachsenen Speck, 1 Zwiebel, Sellerie, Pfeffer und Salz nach Belieben.

Bohnenkerne am Abend vorher einweichen. Speck, Sellerie und Zwiebel, feingeschnitten, am nächsten Tag ins Einweichwasser geben, mit den Bohnen garkochen und mit den Gewürzen abschmecken.
Gleichzeitig Sauerkraut kochen, zuletzt beides gut vermengen und mit gebräunten Zwiebeln abschmälzen.

Eirigs Schmalz*

1 Ei, 1 Prise Salz, etwas Pfeffer, 30 g Schweineschmalz.

Das Ei wird verquirlt mit Salz und Pfeffer gewürzt, in einer kleinen langen Stielpfanne läßt man das Schmalz zergehen und gießt das verquirlte Ei in das Pfännchen. Das Braten erfolgt im offenen Feuer so lange, bis die Oberfläche der Eimasse gegart ist. Man kann statt Schmalz auch Butter verwenden.

Auf dem modernen Herd kann es in jeder Bratpfanne zubereitet werden. Mit Schwarzbrot oder Kipfle eine schmackhafte Brotzeit.

Milchschnittle* (Probstried bei Kempten)

In die gefettete Pfanne werden Semmelschnitten eingelegt und mit so viel Milch übergossen, daß die Oberfläche damit gerade abgedeckt ist.
Man bestreut das Ganze mit Salz und übergießt mit einem verquirlten Ei. Nun läßt man alles etwas aufkochen, damit die Milch weniger wird und auf der Unterseite eine sogenannte Schuepet entsteht.
Vor dem Servieren wird mit heißem Fett übergossen und mit Zucker und Zimt bestreut.
Besonders schmackhaft werden diese Schnittle, wenn man Rührmilch (= Buttermilch) verwendet.

Stopfer*

verschiedene im Allgäu beheimatete Arten

Krauserstopfer

Der Boden der Pfanne wird mit Wasser bedeckt, das man aufkochen läßt. Nun wird Mehl dünn eingestreut, gesalzen und mit flüssigem Butterschmalz übergossen und zunächst mit der Gabel verrührt, so daß nach Garung sich die Oberfläche kräuselt. Sodann läßt man den Stopfer in der Pfanne noch etwas anbacken, so daß die Unterseite eine Schuepet erhält.

Bollenstopfer

In einer eisernen Pfanne erhitzt man Fett, streut und rührt nacheinander Weizenmehl ein, würzt mit Salz nach und übergießt mit flüssigem, heißem Fett. Sobald sich am Pfannenboden die beliebte „Schuepet“ gebildet hat, ist das Gericht tischfertig.

Wasserstopfer

In der Pfanne läßt man Fett zergehen, und gießt 1 l Wasser auf. Nun streut und rührt man Mehl ein, bis ein dicklicher Brei entsteht, den man 15 Min. langsam kochen läßt. Die Pfanne wird vom Feuer gezogen, im Brei ein verquirltes Ei verrührt und das Ganze mit Butterschmalz abgeschmälzt. Es schmeckt am besten aus der Pfanne.

Milchstopfer*

Der Milchstopfer wird zubereitet wie der Wasserstopfer, doch unter Verwendung von Milch statt Wasser.

Nienzle – Nitzle*

auch Kienzle oder Doppe, Doppekienzle genannt (Allgäu)

300 g Zieger (Quark), 125 g Butter, 2 EL Kümmel.

Die Zutaten werden gut vermengt und zu kleinen Kugeln geformt, auf einem Brett fingerdick gepreßt. Nun läßt man diesen Käs mehrere Tage in einem temperierten Raum reifen. Wenn sich auf der Außenseite leichte Runzeln bilden, ist der Käs tischfertig.
Dies wurde zum Frühschoppen mit Seewein gegessen.

Handkäs* (Füssener Gegend)

Saure Milch wird entrahmt und abseits gestellt, bis sie gerinnt. Nun gibt man das Ganze mit der Molke in einen Leinensack, so daß die Molke ablaufen kann. Der Sack wird zwischen 2 Brettern so gepreßt, daß eine feste Käsmasse entsteht, die man anschließend mit Salz, Pfeffer und Kümmel kräftig vermengt und zu kleinen runden Käsle formt. Diese werden auf einem Brett zum Abtrocknen abgelegt und häufig gewendet, daß sie nicht hart werden. Sind sie nach einigen Tagen abgetrocknet, legt man sie in einen Steintopf, wo sie abgedeckt 14 Tage lagern. Nun wird das Unreine, das sich auf der Oberfläche abgesetzt hat, abgeschabt.
Mit einem essiggetränkten Tuch werden die Käsle abgetupft und in das gereinigte Gefäß wieder eingelegt. Dies wird solange wiederholt, bis die Käsle je nach Temperatur und Feuchtigkeit ausgereift sind. Zuletzt werden sie mit grobgestoßenem Pfeffer allseits bestreut und serviert.

Molkenzieg*

Molke wird so lange gekocht, bis ein Rest in Form einer bräunlichen Paste bleibt. Schmeckt warm süßlich und wird aufs Brot gestrichen.
Dieser alte Hausbrauch wurde die Wurzel für den Kunsthonig, der aus Kriegszeiten in Erinnerung bleibt.

Schlotter

2 l Milch (frisch von der Kuh, nicht pasteurisiert).

Man gibt in 4 irdene, konische Schüsseln je ½ l Milch, stellt sie an einem warmen Ort ab. Nach einigen Tagen dickt die Milch ein und man kann sie so zu Tisch geben.
Der Prozeß der Eindickung kann beschleunigt werden, indem man vom Vortag 1 TL Schlotter in die frische Milch gibt.

Saurer Käs

500 g Backsteinkäs, 1 Tasse warmes Wasser, 1¼ EL Essig, 4 EL ÖL, Salz nach Belieben, etwas Pfeffer, 1 Zwiebel, etwas Zucker.

Der geschabte, geputzte Käs wird in kleinere Scheiben geschnitten. Man bereitet ein Gemisch aus Wasser, Essig, Öl, Zucker, Salz und Pfeffer und legt den Käs ein. Vor Servieren werden die Zwiebelringe zugegeben und untergehoben.

Schwämme

Steinpilze, Pfifferlinge oder Rehlinge

Darunter versteht der Schwabe ausschließlich Steinpilze, mit ihrer gelb-grünlichen Röhrenschicht, deren Fleisch auch nach dem Anschneiden weiß bleibt, und die Pfifferlinge mit ihrer gelben Farbe und festem Stiel.

1 kg Pilze (Steinpilze oder Pfifferlinge – oder gemischt), 100 g Butter, etwas Wasser oder Fleischbrühe, 1 EL Mehl, Salz und Pfeffer nach Belieben, ⅛ l Süßrahm, 2 Büschel Petersilie, einige Tropfen Zitronensaft.

Die Pilze werden geputzt. Von den größeren Steinpilzen wird dabei die grünliche Röhrenschicht entfernt. Die größeren Pilze werden in 4 mm starke Scheiben geschnitten. Man läßt in einem möglichst breiten Topf den Butter zergehen, legt die Pilze ein und gießt das Wasser oder die Brühe auf. Nach kurzem Aufwallen werden die Pilze weich. Nun rührt man einen Mehlteig ein und läßt das Ganze nochmals kurz aufkochen. Vom Feuer genommen, gibt man den Rahm und die feingeschnittene Petersilie dazu, würzt ab und reicht dazu Kartoffel oder Brotknödel (Semmelknödel).

Eierschwämme

Steinpilze oder Pfifferlinge mit Rührei

Rühreier: 4 Eier, Salz und Pfeffer nach Belieben, 100 g Butter.
Pilze: 500 g Pilze, ½ Zwiebel, 50 g Butter, Salz und Pfeffer nach Belieben, 1 Sträußchen Petersilie.

Die Pilze werden geputzt, wobei man von den großen Steinpilzen die grüne Röhrenschicht entfernt. Große Pilze werden gescheibt. Man läßt 50 g Butter in eine Raine zergehen, fügt die feinstgewiegten Zwiebel bei und läßt diese kaum glasig werden. Die gewürzten Pilze läßt man darin kurz dünsten. Dazu gibt man die feingehackte Petersilie.
Inzwischen bereitet man die Rühreier, mit denen man die gedünsteten Pilze vermischt und serviert.
Dazu reicht man Salat.

Süßer Senf

350 g Weinessig, 50 g grünes und 100 g gelbes Senfmehl, 100 g Farinzucker.

Das grüne und gelbe Senfmehl wird mit dem Farinzucker vermengt. Den Weinessig läßt man kurz aufkochen und rührt ihn heiß unter das Senfmehl-Zucker-Gemisch. Die noch warme, breiige Masse wird in einen Tontopf oder ein Glas gegeben, wo man sie bei Zimmertemperatur 3–4 Wochen reifen läßt.
Wer dem Senf noch einen besonderen Geschmack geben will, muß einen Schürhaken zum Glühen bringen und damit im fertig gekochten Senf kräftig schlagend umrühren.

Pfitzauf

250 g Mehl, ½ l Milch, 4 Eier, Salz, 2 EL zerlassenen Butter, 1 EL Zucker.

Aus Mehl, Milch, Eiern, Salz und nach Belieben etwas Zucker einen Teig rühren. Zuletzt den zerlassenen Butter einquirlen. Die Pfännchen der Pfitzaufform fetten und zur Hälfte mit Teig füllen. Bei guter Hitze im Rohr 25 Min. hellbraun backen, das Rohr aber nie öffnen! Der Pfitzauf wird überzuckert mit Kompott gereicht.

Gefüllte Flädle – Pfannkuchen

2 Eier, 1 Tasse Milch, 3–4 gehäufte EL Mehl, 1 Prise Salz, Zucker nach Belieben, Backfett, 4 EL Marmelade.

Der Teig wird aus Eiern, Mehl, Salz und Zucker glattgerührt und in wenig erhitzter, leicht gefetteter Pfanne zu Flädle goldgelb gebacken. Noch heiß werden sie mit Marmelade gefüllt, gerollt, überzuckert und möglichst heiß serviert.
Man kann auch ungezuckerte Flädle mit zerkleinerten und gewürzten Fleischresten oder Brät füllen und im gefetteten Kar im Rohr aufbacken.

Kirschenknödel

Teig: 500–600 g Mehl, 1 Prise Salz, 40 g Hefe, 80 g Zucker, 70 g Butter oder Süßrahm, ⅛ l Milch, 2 Eier.
Fülle: 500 g möglichst dunkle, süße Kirschen.
Zum Verfeinern: 500–750 g Quark, etwa 100–125 g Butter.

Man läßt die Hefe mit etwas Zucker in wenig warmer Milch in der Mitte des Mehles etwa ½ Stunde gehen, bereitet dann unter Zugabe des restlichen Zuckers, Butter oder Süßrahm, Eier und Milch einen Teig, den man so lange schlägt, bis er Blasen wirft. Dann läßt man ihn mit einem Tuch bedeckt 1 Std. an einem warmen Ort ruhen. Nun sticht man kleine Stücke des Teiges ab, legt sie auf ein bemehltes Backbrett und läßt diese nochmals 20–30 Min. gehen. Dann formt man Küchle, indem man den Teig von innen nach außen auszieht, füllt diese mit 6–8 Stück Kirschen, über die man nach Geschmack etwas Zucker streut, schließt den Teig darüber und formt Knödel. Diese werden in etwas gesalzenem Wasser gekocht, bis sie oben schwimmen. Kochzeit 10–15 Min., je nach Größe der Knödel bei kleiner Hitze. (Man kann vorsichtshalber nach 10 Min. einen Probeknödel entnehmen und durchschneiden.)
Sind die Knödel gar, werden sie mit dem Schaumlöffel entnommen und sofort heiß serviert. Man zerreißt sie auf dem Teller mit einer Gabel, gibt darüber den nach Belieben gesüßten Quark und übergießt den Quark noch mit etwas braunem Butter.

Butternudle

Dazu bedarf man einer eigenen Presse (s. Abb.). Diese wird mit Butter gefüllt. Die Butterfäden aus dieser Presse werden auf eine Schale gehäuft und mit buntem Zucker (wie auf weihnachtlichem Buttergebäck) bestreut. Dazu reicht man Zelten und Honig.
Butternudle sind besonders beliebt an Kirchweih, zur Weihnachtszeit und Jahreswende, wenn Besuch kommt. Meist wird noch Obstler dazu gereicht.

Apfel-Schaum (Mittelschwaben)

3 große säuerliche Äpfel, 3 Eiweiß, 2 Zitronenschalen, gerieben, 6 TL Zucker, ¼ l Weißwein.
Zum Ausbacken: 30 g Butter, 2 EL Zucker.

Die geschälten, geschnittenen Äpfel werden im Wein gedünstet, bis sie weich sind und der Wein verkocht ist. Nun preßt man die Äpfel durch ein Sieb und rührt den Zucker und die geriebene Zitronenschale darunter. Zwischenzeitlich rührt man das Eiweiß steif und hebt es vorsichtig unter die Apfelmasse. Man gibt das Ganze in eine gebutterte, feuerfeste Form (Jenaer Glas), bestreut mit 2 EL Zucker und läßt es ½ Std. langsam bei 120 Grad backen.

Bratäpfel*

Im Winter wurden ins Rohr des Kachelofens gewaschene Äpfel gelegt und gebraten. Sie wurden ohne Zugabe von Zucker verzehrt.

Waffeln

125 g Mehl, 4 Eier, ¼ l Milch, 1 Prise Salz, Fett zum Ausbacken.

Mehl, Eier, Milch und Salz werden zu einem festeren Flädleteig glattgerührt. Das Fett im Waffeleisen erhitzen, das Waffeleisen mit Teig füllen, die Waffeln auf beiden Seiten goldgelb backen. Die Waffeln werden mit Zucker und Zimt bestreut und warm zu Kaffee gegeben.
Sie können aber auch mit heißem Most übergossen werden.

Beerleswein (Krumbach)

1,5 kg Früchte wie Johannisbeeren, gewaschen, oder Stachelbeeren, gewaschen, oder Hagebutten, gewaschen und halbiert, 1,5 kg Zucker, Wasser.

Die Früchte gibt man in einen Ballon. Nun kocht man so viel Wasser mit dem Zucker ab, daß der Ballon $^2/_3$ gefüllt ist. Der Zuckersirup wird erkaltet über die Früchte gegossen. Da den Früchten trotz des Waschens noch so viel Bakterien anhaften, kann auf Zugabe von Weinzuchthefe meistens verzichtet werden. Um nach der Früchteeinlagerung den Bakterienanflug zu ermöglichen, empfiehlt es sich, die ersten 8 Tage den Ballon nur mit einem leicht porösen Leinentüchlein abzudecken. Anschließend wird das Tüchlein durch den Gärspund ersetzt. Die Gärung dauert etwa 2 Monate, bis der Inhalt klar wird. Nun kann der Wein in Flaschen abgefüllt werden.
Nach einer Lagerung von einigen Monaten mundet der hochprozentige, süffige Wein herrlich.

Malzkaffee*

Gerste, etwas Butter.

In eine leicht gebutterte Pfanne wird die Gerste gegeben und bei kräftiger Hitze unter ständigem Rühren hell bis dunkelbraun, je nach gewünschtem Geschmack, gebrannt. Je dunkler der Kaffee gebrannt wird, desto bitterer wird er.

Zur Zubereitung des Kaffeegetränks wird der geröstete Malzkaffee gemahlen.

Um eine dunklere Kaffeefarbe zu erhalten, fügt man nach dem Abbrühen des gemahlenen Kaffeepulvers noch ein Stückchen Zichorie zu und läßt dies zergehen.

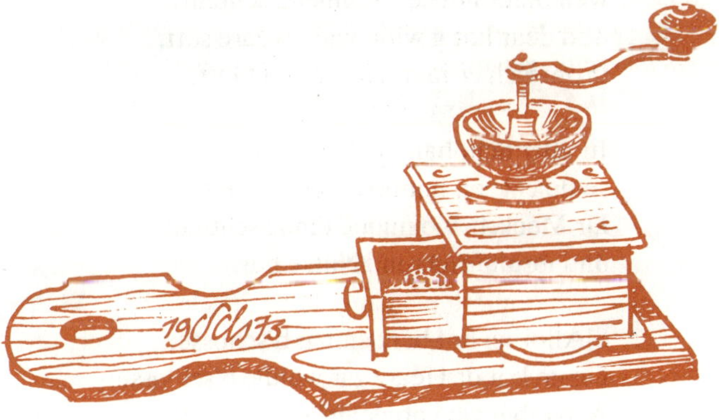

Aus nuiz isch woare eiser Welt,
weil oiner hot se z'seamet g'schtellt;
ond dear hot g'wißt, wie's weare sott,
drom isch er ja dr Hearr ond Gott.

In aller Schöhait vu dear Welt,
so deicht 'm, hot no oiner g'feahlt:
Dr Mensch, wo mibbe dinne schtoaht
ond ibrall Fraid ond Nutze hot.

S'Alloi sei hot bei deam it b'schosse.
Drom hot dr Hearr gar woidle b'schlosse:
A Weible gib i no deam Ma,
daß er se reacht g'fraie ka.

So hond die Mensche alles g'hett
ond d'rmit au manches G'frett.
Dr Hearrgott hot se g'rufe an:
„Macht euch die Erde untertan!"

Ins Hiere hot'r s'Denke geabe
ond nochat no zwoi Händ zum Rege.
D'Füeß zum Laufe, s'Aug zum Luege.
Ond s'Schaffe kut halt vor'm Gruebe.

Ma macht a Häs, ma baut a Haus
ond lueget bei de Fenschtr naus.
Doch ois ko koiner ganz vergeasse:
Ma braucht halt all Täg ebbes z'easset.

Easse ond Easse send zwoierloi.
Isch beim Koche d'Lieb derbei –
no kut zum Hunger d'Fraid drzue.
D'Leit, die krieget schier it gnue.

Scho de Alte hond es g'wißt,
wie's mit deane *Elementer* ischt.
D'Erde, s'Wasser, s'Fuir, d'Luft
hond allat scho zu Vielem g'nutzt.

D'*Erde* wird als Muetter g'ehrt,
geit se doch s'Eise fier Pfanne ond Heard.
Liefret s'Kora, Gmües ond Salz
ond iber d'Viecher au no s'Schmalz.

S' *Wasser* aus Bronne ond Bächle,
was hilft dös fier vielerlei Sächle!
S' geit Suppe ond Müeser ond Toiger grad gnue
ond schpüele ond wäsche kascht au no drzue.

Was tät dr Mensch, wenn'r s' *Fuir* it hätt?
Wär s'Koche doch a fiechtigs G'frett!
So ka ma brutzle, siede, bache
ond die beschte Sache mache.

D'*Luft*, die woadlet fescht oder lind
jedem Mensche um sein Grind.
Do mueß se wecke de Hausverschtand.
Nochat goht s'Koche fieranand.

Dr Mensch schtoaht do in allem dinne
ond mueß die Elementer zwinge.
Kocht ba nochat mit *Lieb* ond *Verschtand,*
die Kuche wird g'lobet im ganze Land.

Wer se beim Koche plaoget, spürt viel Fraid.
Denn a guets Easse, des möget d'Leit.
Do frait se au eiser Hearrgott im Himmel dobe.
Sieht'r doch: s'hot it bloß domme Koge.

KUCHE LIEDLE

Kässpätzleslied

Verena, los, iez gang halt hea,
so schreiet laut die Muettr.
So gang ber doch zum Kromar na,
holscht Eier, Meal und Buttr.
An ründe Käs nimmscht au no mit,
an Backstuinar, an rease,
[: mach weile Föhl, es isch scho Zit,
mir machet huit Kässpätzle.:]

Verena rennt ins Dörfle na,
glei hinterm Hüs de Bichl,
doch üf'm Weag, do triffts de Schatz,
es ischt dr gfugset Michl.
Den lad se glei zum Easse ing,
do brücht se it lang brutle.
[: Dea lot glei Arbat Arbat sing
und got zum Spätzlefuatre.:]

'es Wasser kocht, Verena schwitzt,
d'rweil s' de Spätzlesteig a'richt.
Die Muettr riebt de Käs in d'Schüßl,
d'r Vattr schwätzt no mit 'm Michl,
d'r Buttr brutzlet scho im Pfändle.
D'r Bohle klaut vom Käs a Käntle,
[: d'r Teig pflettret im Spätzler din,
glei weret d'Spätzle fertig sing. :]

Iez hocket se ründ um de Tisch,
d'r Michl scho ganz sakrisch frißt,
d' Muettr hot se 's Mül verbrennt,
des Schmolz, des lauft 'r über d' Händ.
Dem Vattr hängt vom Käs a Fade,
vom Mül ra bis an Hoselade.
[: So schö wie huit war se noch nie,
die Kässpätzlespartie – juche – :]

Rudolf Boxler

Faschtespeise

Leitle, loset, lend ui weise,
was ba bei is gera ißt:
Vo de schwäb'sche Faschtespeise
jeda Schwob an Haufe frißt.
So braucht ui dös it verwundre,
wenn so stämmig sind die Leit,
daß vo seale Faschteg'richter
jeda an mords Ranze dreit.

Brennte Süpple, Wasserschnalle,
Riebele und Häbersmues,
Kratzat, ja dös loß br gfalle
und a gschmölztes Pfluttermues.
Ziegernudla, Apflflädle,
gschwänzte Küchle und an Käs,
Krautkräpfle isch 's bescht vo alle,
sakradi wie schmeckt br dös.

Kässpätzle und Salvcküchle,
und am Obed geits a Brennt's,
seal hon i scho gere geaße
als a kluina Hemedschlenz.
Apflstrudl, Semmlnudla,
Holderküchle sind a Freid.
Ja die seale Faschtegrichter
sind am Schwob sei Seligkeit.

Rudolf Boxler

D'Spießkarte

Es git doch nuiz Bessers, als ebbas Güets z'Moarge,
mit Riebl und Kaffee, ja do ischt ba versoarget.
An Speack und an ingschperte Käs no drzüe,
ma hot bis Mittag denn grad meah as no gnüe.

[: Ja, ja güet easse und drinke, des git halt
viel Kraft, ma bliebt bis is Olter öü g'hereg
im Saft:]

Ja Käsknöpfle, Nocke, a digene Suppe
des git deana Wieber öü Holz ündre Schoape,
a häbres Mües, lotschege Knöpfle drzüe,
ma hot bis am Obed no mea as wie gnüe.

Bu Wingstrieble, Heafkiechle ka mas verliede,
und mancha ischt mit am Schmarolleschittl z'friede
a Kratzad, a Millmües, an heafene Zopf
wea des alls it kennt, ischt a gonz arma Tropf!

H. Fontain
Kl. Walsertal

Vers- und Liedtexte dieses Büchleins sind auch zu hören mit munteren Weisen heimatlicher Volksmusik auf einer **Langspielplatte** Lp Nr. 1068 (30 cm).

D'schwäbisch' Kuche

Idee: Aegidius Kolb, Ottobeuren
Gestaltung. Wilhelm Fritz Rudi Boxler
Mitwirkende: Aegidius Kolb – Boxlergruppe Sonthofen – Schedler-Föhla Oberstdorf – Quintett Blanz-Boxler Jugendblaskapelle Sonthofen – Finkengruppe Oberstaufen – Quintett Gehring-Boxler.

Sonderauflage der date-tonproduktion unter Schirmherrschaft des „Heimatdienstes Sonthofen".

Verkaufspreis: 12,80 DM.

Zu beziehen durch date-tonproduktion, 8621 Oberlangenstadt, beim Allgäuer Zeitungsverlag GmbH, 896 Kempten, Postfach 1129 und in allen Fachgeschäften.

Quellen und Literaturhinweise

zur Geschichte der Küche in Schwaben

An dieser Stelle sei zuerst gedankt für alle Bereitwilligkeit den verehrten Kolleginnen und Kollegen der Bayer. Staatsbibliothek zu München und Augsburg, den Herren Dr. J. Belloth, Augsburg, und Dr. A. Layer, Dillingen, den Stadtarchiven Augsburg und Kempten, ferner den Heimatpflegern Kornelius Riedmiller, Kempten, Hermann Zeller, Illerbeuren, DDr. Viktor Sprandel, Krumbach, als auch Dipl.-Ing. W. J. Hebel und Kreszentia Fickler.

Aabels, Marie: Neues illustriertes bewährtes Kochbuch. Regensburg 1887. (Mit bes. Berücksichtigung der . . . schwäb. Kochkunst.)

Agricola, Joannes Jacobus: Schauplatz deß Allgemeinen Haußhalten. Pharmacopaeus, oder Haus-Apothecker. Koch-Buch. Nördlingen 1677.

Albertus Magnus: De Vegetabilibus libri VII, editionem criticam ab Ernesto Meyero coeptam absolvit Carolus Jessen. Berlin 1867.

Augsburger Kochbuch vom Jahre 1554. Nachdruck Augsburg 1886.

Aurbacher, Ludwig: Die Abenteuer der Sieben Schwaben. Memmingen 1962.

Baumann, Franz Ludwig: Geschichte des Allgäus, I–III. Kempten 1883–94.

Bickel, Walter: Deutsche Landesküchen, Leipzig 1949.

Birlinger, Anton: Älteres Küchen- und Kellerdeutsch, in: Alemania, Bd. XVIII (1890), S. 244 ff.

Birlinger, Anton: Ein allemannisches Büchlein von guter Speise, in: Sitzungsberichte der baierischen Akademie der Wissenschaften zu München, II/1865, S. 171 ff.

Birlinger, Anton: Schwäb.-Augsburgisches Wörterbuch, München 1864.
Birlinger, Anton: Zur altdeutschen Küchensprache, in: Alemania, Bd. VI (1878), S. 42 ff.
Boeheim, Wendelin: Philippine Welser, Innsbruck (1894).
Bringemeier, Martha: Vom Brotbacken in früherer Zeit, Münster (Westf.) 1961.
BVGS: Das buch von guter spise. Aus der Würzburg-Münchener Handschrift, neu herausgegeben von Hans Hajek, Berlin (1958).
Die neue Köchin: Von der Verfasserin des Kochbuches „Lina", Augsburg 1857.
Deutsch–Renner: Ernährungsbräuche, Ursprung und Wandel, Wien 1947.
Duft, Johannes: Studien zum St. Galler Klosterplan (MVG, Bd. XLII). St. Gallen 1962.
Duft, Johannes: Notker der Arzt, Klostermedizin und Mönchsarzt im frühmittelalterlichen St. Gallen. St. Gallen 1972.
Fellner, Michael: Schwäbische Widmungen, Kempten. Kempten 1969.
Fincke, Heinrich: Lebkuchen als Zusatz bei der Bereitung von Speisen seit Ende des 15. Jh., in: Zeitschrift Süßwaren, Jg. 1962, S. 322 ff.
Fischer, Carl Christian: Sammlung allerlei Conditorei-Recepte. Augsburg 1785. (Hs. Stadt- und Staatsbibliothek Augsburg 8° Cod. Aug. 115).
Fischer, Hermann: Schwäbisches Wörterbuch, I–VI². Tübingen 1904 ff.
Fischer, Hermann: Mittelalterliche Pflanzenkunde. München 1929.
Förderreuther Max: Die Allgäuer Alpen – Land und Leute. Kempten 1907.
Franz Adolf: Die kirchlichen Benediktionen im Mittelalter. Freiburg 1909 (Rpt. Graz 1960).
Gareis: Das Capitulare de Villis; hrg. von Gareis. Berlin 1895. Die Vorschriften für die Pflanzungen in Art. 70. Deutsche Übersetzung bei Joh. Bühler: Das Frankenreich. Leipzig 1923. S. 391 ff.
Vgl. neuestens die Faksimile-Ausgabe: Capitulare de villis, Cod. Guelf. 254 Helmst. der Herzog August Bibliothek Wolfenbüttel, hrsg. und eingeleitet von Carlrichard Brühl (= Dokumente zur deutschen Geschichte in Faksimiles, Reihe I, Bd. 1). Stuttgart 1971.
Götz, Wilhelm: Speise und Trank vergangener Zeiten in deutschen Landen. Basel 1882.
Guyan, Walter Ulrich: Kleine Geschichte der Suppe, in: 50 Jahre Knorr, Thayngen 1907 bis 1957. Thayngen 1957, S. 25 ff.
Haller, Christine: Neues Augsburger Kochbuch. 365 Speisezettel. Augsburg 1882 (2. Aufl. das. 1898).

Herz, Franz Joseph: Die Käsekost. Augsburg 1893.

Heuss, Theodor: Bei Gelegenheit – außeramtliche, gelöste, nebenstündliche Produkte. Tübingen 1961. (S. 113 ff.: Schwäbische Küche.)

Hölzle, Wilhelm: Vom Küchenzettel eines schwäbischen Bauerndorfes im Ulmer Winkel. Günzburger Hefte, Nr. 6, Konrad – Weißenhorn 1973.

Hofmann, Hugo – Reisenweber, Waltraud: Aus der Rieser Küche. Oettingen 1967.

Jörg, Theodor: Der Landkreis Krumbach, Bd. III Volkskunde. Konrad – Weißenhorn 1972. (S. 173 ff.: Schwäbische Küche in früherer Zeit.)

Kaufbeuren: Kochen meine Freude. Erprobte Rezepte. Herausgegeben von den Franziskanerinnen des Creszentia-Klosters Kaufbeuren. 1. Aufl. Paderborn 1933; 5. Aufl. 1958.

Koch- und Kellermeisterey. Frankfurt/Main 1574.

Kolb, Aegidius: D'schwäbisch Kuche. Memmingen 1972.

Könnecke, Otto: Rechtsgeschichte des Gesindes in West- und Süddeutschland. Marburg/L. 1912.

Küchenmeisterei: In Nürnberg von Peter Wagner um 1490 gedruckt, Faksimile-Druck, eingeleitet von Hans Wegener. Leipzig 1939. (Dort die chronologische Reihenfolge aller Küchenmeisterdrucke des 15. Jh.)

Landgüterordnung: Die . . . Kaiser Karls des Großen, hrsg. von Karl Gareis. Berlin 1895.

Laufenberg, Heinrich von: Ain nützlichs büchlin von der speis der Menschen. Straßburg 1500.

Laufenberg, Heinrich von: Versehung des leibs, Augsburg 1491.

Lehmann Paul: Mittelalter und Küchenlatein, in: Erforschung des Mittelalters, Bd. I. Leipzig 1941. S. 46 ff.

Lethmair, Thea: Ein festtägliches Menü aus dem Kochbuch der Philippine Welser, in: Gehört – gelesen, 1961, Nr. 7, S. 1298 ff.

Lindauer Kochbuch. Augsburg 1855 (6. und weitere Aufl.).

Lonicerus, Adam: Kreuterbuch, neur Ausg. von Petrus Uffenbachius. Ulm 1679 (Rpt. München 1962).

Lotz, Arthur: Bibliographie der Modelbücher, 2. Aufl. Stuttgart 1963.

Mair – Waldburg H.: Käse in der Literatur, in: Handbuch der Käse. Kempten 1973.

Marperger, Paul Jakob: Vollständiges Küch- und Keller-Dictionarium. Hamburg 1716.

Martin, Dr. Joh. Nep., Kgl. Landgerichtsarzt: Bericht über Nahrungsweise im Landgericht Grönenbach vom 26. 4. 1861, in: Das schöne Allgäu, Nr. 19, 1940, S. 224.

Miller, Arthur Maximilian: Das schwäbische Jahr. Augsburg 1970. (S. 40 ff.: Wie d'r Herrgott s'Schwaubeländle verschaffe haut.)

Mindelheim: Kochbuch der Landwirtschaftlichen Haushaltungsschule Mindelheim. Bearbeitet von einem Mitglied des Englischen Instituts. 2. Auflage. Mindelheim 1938.

Platina: De honesta voluptate, & valetudine, vel de obsoniis, & arte Coquinaria libri decem. Straßburg 1517.

Platina – Vigilius: Platina von Cremona, Baptista: Von der Eerlichen zimlichen, auch erlaubten Wolust des leibs, ... verteutscht durch M. Stephanum Vigilium Pacimontanum. Augsburg 1542.

Rammingen, Jacob von: Von den Aromaten und wohlschmäckenden gantz krefftigen, und hailsamen Specereyen. Straßburg 1580.

Reinhardt, Hans: Der St. Galler Klosterplan. St. Gallen 1952.

Reiser, Karl: Sagen, Gebräuche und Sprichwörter des Allgäus, 2 Bd. Kempten o. J.

Rottenkolber, Josef: Geschichte des Allgäus. München 1951.

Sartory, J. G.: Die schwäbisch-bayerische Küche – oder Neuestes Augsburger Kochbuch. Augsburg 1846 (4. Aufl. das. 1873).

Schelbert, J.: Das Landvolk des Allgäus. Kempten 1873.

Schindlmayr, Hans: Mittelschwäbischer Volksspiegel. Augsburg 1936.

Schmeller, Joh. Andreas: Bayer. Wörterbuch, 2 Bd. 2. Aufl. Aalen 1966.

Schreger, Odilo: Der vorsichtige und wohlerfahrne Speismeister. Augsburg 1778.

Staindl, Balthasar: Ein künstlichs und nutzlichs Kochbuch. Augsburg 1534 und 1560.

Thiele, Ernst: Waffeleisen und Waffelgebäcke. Köln 1959.

Turos, Emil: So ißt man in Ungarn. Corvina – Budapest 1972.

Waigand, Magda: Kochbuch der Donauschwaben. o. O. 1970.

Wehrfritz, Margarethe und Fanny: Die Küche im deutschen Bürgerhause, 5. Aufl. Wiesbaden 1925 (1. Aufl. 1906).

Weiler, Sophie Juliana: Augsburgisches Kochbuch. Augsburg 1788 (21. Aufl. Augsburg 1843).

Weitnauer, Alfred: Allgäuer Chronik I–III. Kempten 1969, 1971, 1972.

Wiswe, Hans: Kulturgeschichte der Kochkunst. München 1970.

Wörishofen: Die Klosterküche von Wörishofen. Ein praktisches Kochbuch im Sinne Kneipps. Mit dessen Vorwort zur 1. Aufl. Brixen 1892 (und weitere Aufl.).

Zekert Otto: Die Rezeptsammlung der Philippine Welser, in: Scientia pharmaceutica, Jg. 1940, Heft 9, S. 34; Heft 10, S. 39 f. Jg. 1941, Heft 1, S. 6 ff.

Inhaltsverzeichnis

Eine Auswahl der beliebten Allgäu-Schwaben-Bücher

Eine Auswahl der beliebten Allgäu-Schwaben-Bücher

Kuen — **Allgäuer Lausbub erobert die Bühnen der Welt**
Ein Erinnerungsbuch von Kammersänger Paul Kuen für alle Allgäuer mit Herz und Humor. Köstliche Anekdoten lassen ein Stück Theatergeschichte lebendig werden. 96 Seiten, 33 heitere Illustrationen von Helga Nocker *DM 12,80*

A. M. Miller — **Schwäbische Bauernbibel**
Sechs humorvolle und doch tiefsinnige Predigten in schwäbischer Mundart. Die Schöpfung der Welt, Die Erschaffung der ersten Menschen, Der Sündenfall, Kain und Abel, Noah baut die Arche, Der Turmbau zu Babel. 88 Seiten, Umschlaggestaltung von Heinz Schubert, 6 Illustrationen von Helga Nocker *DM 12,80*

A. M. Miller — **Das schwäbische Jahr**
Hier werden in schwäbischer Mundart nicht nur die Monate charakterisiert, sondern noch mehr die Menschen, die unter einem bestimmten Tierkreiszeichen ins Leben getreten sind. Jedem Sternbild folgt eine erheiternde und belebende Geschichte mit schwäbischen „Musterexemplaren". 144 Seiten. Umschlaggestaltung und Tierkreiszeichen von Heinz Schubert, 22 Illustrationen von Helga Nocker *DM 17,50*

A. M. Miller — **Mei' Pilgerfahrt durchs Schwabeländle**
Mittelschwaben, das Unterland und das Allgäu mit den dazugehörigen Seelenhirten, den heimischen Menschen und ihren Sitten gehen wie ein Reigen durch dieses köstliche Buch. Schwäbische Mundart. 188 Seiten, 53 heitere Illustrationen von Helga Nocker *DM 19,—*

A. M. Miller — **Der Herr mit den drei Ringen**
Abt Rupert Neß, der wagemutige Bauherr des Klosters Ottobeuren, führte die drei Ringe im Wappen. Als Sohn eines Schmieds aus Wangen im Allgäu stieg Rupert Neß vom einfachen Novizen zum Abt des Klosters und fürstlichen Herrscher auf. Ihm und seiner Epoche, der Blütezeit des deutschen Barock, gilt dieser Roman, ein menschlich wie kulturgeschichtlich gleich interessantes Werk. 512 Seiten, 10 Abbildungen *DM 28,50*

Preise: Stand April 1982

ALLGÄUER ZEITUNGSVERLAG KEMPTEN

Eine Auswahl der beliebten Allgäu-Schwaben-Bücher

Weitnauer **Sing nicht, Vogel**
Ein heiteres Spiel um den Pfarrer von Kirchdorf, 56 Seiten, 10 Illustrationen von Helga Nocker, 4 Fotos *DM 9,80*

Weitnauer **Auch Schwaben sind Menschen**
Heitere Betrachtungen über schwäbische Tüchtigkeit, 136 Seiten, 58 Zeichnungen von Heinz Schubert *DM 12,50*

Weitnauer **Sängers Fluch**
Neun Klassiker-Parodien in schwäbischer Mundart, 64 Seiten, 38 farbige Illustrationen von Eberhard Neef *DM 10,80*

Weitnauer **Drei Könige im Schwabenland**
Ein barock-modernes, urwüchsiges Dreikönigsspiel in schwäbischer Mundart, 48 Seiten, 6 ganzseitige Farbbilder von Heinz Schubert *DM 12,80*

Weitnauer **Schwabenstückle**
70 herzhaft schwäbische Streiche, 225 Seiten, 78 bunte Illustrationen von Eberhard Neef *DM 15,80*

Weitnauer **Die Nacht bei den Hirten**
Die Weihnachtsgeschichte, wie sie sich beim „Rößle"-Wirt zu Bethlehem (Schwaben) zugetragen haben würde. 8 ganzseitige Farbbilder nach Zeichnungen von Heinz Schubert bereichern die Erzählung. 114 Seiten *DM 16,80*

Weitnauer **Die Baiern und die Schwaben**
Ein interessantes und liebenswertes Porträt, das Gemeinsamkeiten und Gegensätzliches zutage fördert. Stammeseigenart, Geschichte und Tradition, Brauch und Herkommen werden „lustig verpackt" geschildert. 134 Seiten, 33 Abbildungen, 98 Illustrationen von Heinz Schubert *DM 18,50*

Preise: Stand April 1982

ALLGÄUER ZEITUNGSVERLAG KEMPTEN